胡适评传

吴玲　编著

中华工商联合出版社

图书在版编目（CIP）数据

胡适评传 / 吴玲编著. -- 2 版. -- 北京：中华工商联合出版社，2018.7（2021.7 重印）

ISBN 978-7-5158-2305-8

Ⅰ. ①胡… Ⅱ. ①吴… Ⅲ. ①胡适（1891-1962）—评传 Ⅳ. ① K825.4

中国版本图书馆 CIP 数据核字（2018）第 096646 号

胡适评传

编　　著：吴　玲

责任编辑：林　立　崔红亮

装帧设计：北京东方视点数据技术有限公司

责任审读：魏鸿鸣

责任印制：迈致红

出版发行：中华工商联合出版社有限责任公司

印　　刷：唐山富达印务有限公司

版　　次：2018 年 8 月第 1 版

印　　次：2021 年 7 月第 2 次印刷

开　　本：710mm×1020mm　1/16

字　　数：200 千字

印　　张：18

书　　号：ISBN 978-7-5158-2305-8

定　　价：78.00 元

服务热线：010-58301130

销售热线：010-58302813

地址邮编：北京市西城区西环广场 A 座
　　　　　19-20 层，100044

http://www.chgslcbs.cn

E-mail: cicap1202@sina.com（营销中心）

E-mail: gslzbs@sina.com（总编室）

序

　　这套励志书由两部分内容组成,一是大师传记,二是名家文集。前者记述大师的人生事迹,评点他们的精彩瞬间;后者辑录名人的文章言论,展示他们的才华睿智。所选者,无不是成功的人生,无不是为后人所推崇和敬仰的人。对于我们每一个人来说,他们都是后人追求的榜样,励志的灯塔。其实,古往今来,所有的成功者,他们的人生和他们所激赏的人生,不外是:"有志者,事竟成。"

　　励志是动宾结构的词,励是磨砺,志是志向,放在一起就是磨砺志向。所以说,励志不是简单的立志,是要像把刀放在石头上磨才能锋利一样,这个磨砺,也不是轻而易举地摩擦一下,而是要下力气的,对刀来说,不仅要把自身的锈磨掉,还要把多余的部分都要毫不留情地磨掉,这简直是一场磨难。所有绚丽的人生都是用艰难磨砺成的,砥砺生命放光华。可见,励志至少有三层意思:

　　一是立志。国人都崇拜的一本书叫《易经》,那里面有一句话说:"天行健,君子以自强不息。"这是一种天人合一的理念,它揭示了自然界和人类发展演化的基本规律,所以一切圣贤伟人无不遵循此道。当然,这里还有一个立什么样的志的问题,孔子说："士不可以不弘毅，任重而道远。"古往今来，凡志士仁人立的都是天下家国之志。李白说：大丈夫必有四方之志，白居易有诗曰：丈夫贵兼济，岂独善一身，讲的都是这个道理。

二是励志。有了志向不一定就能成事，《礼记》里说："玉不琢，不成器。"因为从理想到现实还有很大的距离。志向须在现实的困境中反复历练，不断考验才能变得坚韧弘毅，才能一步一个脚印地逐步实现。所以拿破仑说：真正之才智乃刚毅之志向。孟子则把天将降大任于斯人描述得如此艰难困苦。我们看看历代圣贤，从三大宗的创始人耶稣、默哈穆德、释迦牟尼到孔夫子、司马迁、孙中山，直至各行各业的精英，哪一个不是历经磨难终成大业，哪一个不是砥砺生命放射出人生的光芒。

三是守志。无论立志还是励志都不是一朝一夕、一蹴而就的，它贯穿了人的一生，无论生命之火是绚丽还是暗淡，都将到它熄灭的最后一刻。所以真正的有志者，一方面存矢志不渝之德，另一方面有不为穷变节、不为贱易志之气。像孟子说的那样："富贵不能淫，贫贱不能移，威武不能屈。"明代有位首辅大臣叫刘吉，他说过："有志者立长志，无志者常立志。"这话是很有道理的。

话说回来，励志并非粘贴在生命上的标签，而是融汇于人生中一点一滴的气蕴，最后成长为人的格调和气质，成就人生的梦想。不管你做哪一行，有志不论年少，无志空活百年。

希望你能喜爱这套励志书，让它点燃你的生命之火，让人生变得更加绚烂。

徐　潜

前　言

"微老夫子，倡白话，此日儿童，仍须皓首穷经，从字纸堆中，去埋头嚼句。无新文化，主改革，长兹华裔，安能小心求证，到科学园里，来植树生根。"这是胡适去世后收到的一副挽联，在这副挽联中，人们可以读到他一生的功绩。

胡适，著名思想家、哲学家，在学术、哲学和文学领域都有极高的建树。他一生之中最大的贡献是对白话文和"新文学"的推广，提倡学生们读白话文，作白话文，不用"死文字"，要用"活文字"写出"活文学"。他主张杜威的"实验主义"，希望人们在学习中、研究中、工作中都可以"大胆假设，小心求证"，发现问题，然后解决问题。

胡适关心政治，却不愿做官，只愿以一介布衣的身份去审视社会中的问题，针砭时弊，提出有益于社会发展的改革建议。他也是爱国的，国家危难之时，他不愿让学生罢课，参与游行，自己却从未停止过发声。当意识到和平的意愿无法通过谈判真正实现时，他也开始支持抗战，并用自己的方式，尽全力为中国争得外界的支持。

胡适确实是个不适合当官的人，在他的身上有着太重的书生

1

气，那是一种认准了一个道理，不撞南墙不回头的固执。他做事太过坚持原则，又没有心计，遇到不同意见时不会圆滑变通，有时明明已经得罪了人却不自知；他也不擅长人际交往，他的朋友多是在性格品行或者学问上与其相投之人，可若是遇到具体问题要处理，他便不太能掌控。所以傅斯年才会说自己的学问比不上胡适，但办事却比胡适高明。

多年美国留学的经历造就了一个乐观的胡适，虽然有些时候，他的这种乐观太过书生气，有些天真，有些简单，也遭到了许多人的质疑和反对，但外人的看法和评论从来没有对他产生过任何影响。也正是因为有着这样的乐观和自信，他才能够将自己想做的事一直坚持下去。

本书讲述了胡适一生的经历。从儿时的"小先生"，到少年时期进入名校连跳几个班的插班生，再到中国公学中年龄最小的学生，胡适因为优异的成绩和出色的文笔，一直是被老师们看重的好学生；去海外留学后，从为了家人而学，到为了自己而学，师从杜威，胡适的思想在一点点发生着转变；回国后，支持文学革命，提倡教育改革，主张发展科学，他所做的事情没有一件是出于私心，他想要看到的，只是对国家和社会有益的结果，这也是他最可贵的地方。

虽然胡适的一生有着丰富的阅历，但读胡适，读的不仅仅是他的故事，更是他的思想，他的精神，这也是作者创作此书的目的。希望每一位读过此书的人都能从胡适的身上学到一些可贵的精神，虽然时代变了，社会也变了，但是在求学之路上，有些精神却能够有益于人们一生。

目　录

尘封已久的往事

母亲的童年

光绪十五年（1889）农历五月初九，天空中飘着小雨，一户冯姓的农家嫁出了家中唯一一个女儿。

这家的男主人名叫冯金灶，是个本分的庄稼人，小时曾被太平军掳走，在军营中吃了不少的苦，还被他们在脸上刺下了"太平天国"四个字以防逃跑。太平军见他能吃苦，又实在，渐渐对他放松了一些警惕，他便找准机会从军营中逃了出来，一路躲躲藏藏，最后回到了故乡。

回到满目疮痍的故乡，冯金灶打起精神，找出曾属于自家的荒田，开荒种地，打算重建家园。

为了生活，冯金灶还时常帮助其他人家种田，并利用在军营中学到的裁缝手艺赚点钱。他为人忠厚，手艺又好，渐渐在附近的村落中有了点名气，很多人都愿意找他做活，称他金灶官。就这样，冯金灶凭着自己吃苦耐劳的性格和精湛的手艺在故乡落了脚，最后竟然也盖起了间小房，娶了妻，生了子。第一个孩子是个女孩儿，冯金灶为她取名顺弟。此时，冯家开始过上相对安稳的日子。

冯金灶回乡后便一直有一个心愿：在被烧毁的老宅处重建一座新宅，于是他一有空便去河里挑石头，用来做新房的地基。挑石头是件很辛苦的事，然而对冯金灶来说，最难的并不是挑石头，而是家里没有足够的钱去买木料和砖瓦。想要全家住进新房里，不知还要等多少年。

一转眼，顺弟长成了 17 岁的大姑娘。在旧时，女子十三四岁便应定亲了，可是冯金灶总担心女儿嫁得不好受委屈，不肯轻易将她许配人家，总想找个老实本分的读书人当女婿。不过，很长时间都没给女儿寻到一个合适的人家。此时的金灶才开始有点着急了。

就在冯金灶后悔自己耽误了女儿的幸福时，上庄的星五嫂找到了他，说有意给顺弟做个媒，向他要顺弟的八字，而她要为顺弟说的人家不是外人，正是她的侄子胡传，人称三先生。

星五嫂说，三先生之前娶的妻子年纪轻轻便病死了，给他留下三儿三女。如今孩子们都长大了，三先生一人在外做官，身边没个家眷实在不方便，所以请她帮忙寻一户庄稼人的女儿，一来这样人家的姑娘身体会比较硬朗，能够一直陪他到老，二来这样人家的姑娘自小吃得苦，能过日子，也能帮他打理家事。

金灶对星五嫂的提议起初是拒绝的。他知道三先生这个人，虽然有名有望，但已经四十有七，家中的长子长女比自己的女儿还要大上好几岁，他不忍心让女儿嫁到这样的家庭里当后娘。可又听星五嫂劝了他一阵，他却也觉得她说得句句在理。女儿毕竟年龄大了，想找个相当的未婚小伙子太难，三先生是个好人，嫁给他，至少比较放心。

金灶答应星五嫂回去和妻子商量，然而他一开口就遭到了妻子的反对。他的妻子说宁可养女儿一辈子也不让女儿嫁过去。金灶劝不过妻子，最后只得把决定权交给顺弟。

顺弟只在3年前的上庄庙会见过三先生一次，那是一个面容紫黑，有点短须，两眼有威光，令人不敢正眼看他的人，所以她也没敢多看，只听得姑妈在耳边告诉她，三先生在北边做官，那边环境非常艰苦，非常难熬，一般人待上几个月就已经受不了了，可三先生却在那边一待就是几个年头，风吹日晒久了，脸就成了这副模样。

三先生的威望很高，听说他要回家乡过年，上庄的人们都十分紧张。以往的庙会一向非常热闹，商户们都想着法地弄出些新花样引人注意，戏班子也总会尽量挑些热闹的戏去演，支起"台阁"。可是三先生一回来，这些花样都不得以施展，庙会也就显得冷清了许多。三先生的回来也令那些做不正当生意的人格外忐忑，八都的鸦片馆早早就关了门，赌场也都不敢开了，生怕受三先生的处罚。

虽然三先生没有亲自参加庙会，可遵了三先生的意，戏班子还是选了六出"正戏",也没有搭"台阁"。

庙会过后,三先生出现了,周围的人都自觉地让开了一条路,并且恭敬地称呼他"三先生"。三先生从顺弟身边经过,径直向前走去,他身边的月吉先生因与顺弟的姑妈同路,于是走过来与姑妈打招呼,并与她们同行。

顺弟当时 14 岁,脸蛋圆圆的,还有点雀斑,看起来并不是很漂亮。然而她脑后拖着的那条长及地面的辫子却引起了月吉先生的注意。月吉先生只看了一眼,便连称顺弟是贵相,又问这孩子是否已许了人家。顺弟听到后立刻害羞地拉着弟弟逃走了。

顺弟对三先生的印象,便只有那一身威严。她从小受到严格的家教,从来没有想要做官太太的念头。可是一想到自己嫁过去能帮衬家里,家里的新房就有指望了。于是,她抬头看了父母一眼,便红着脸低下头,说自己愿听父母做主,又说男人 47 岁也不算太大。

顺弟的母亲以为女儿因为想当官太太才同意这门婚事,心里有些生气,她不愿让女儿嫁给别人当续弦,于是故意在庚帖上写错了顺弟的生日和时辰,递给了星五嫂。星五嫂又将顺弟的庚帖拿给了月吉先生。

顺弟的母亲没想到,月吉先生曾给顺弟算过八字,并且记住了她的八字,所以一眼便发现庚帖上写的生辰是错的。月吉先生更正了庚帖上的错误,又将两人的八字排在一起,刚好相合。于是告诉星五嫂,这个姑娘配得上三先生,可尽快请冯家开礼单,准备下聘。

3 天后，星五嫂到冯家表明来意，并对冯金灶夫妇说了事情经过。冯家夫妇见事已至此，只好同意并下了礼单，之后又将 3 月 12 日定为迎娶之日。婚礼是按照乡村习俗办的，婚后不久，三先生拜见过岳父岳母后，便带着顺弟去河南上任了。

早期的胡家

三先生本名胡传，字铁花，号钝夫。胡传原名胡守珊，故一字守三，后来便被人们称为三先生，是民国著名学者胡适之父。胡家祖籍安徽绩溪上庄，以卖茶为生，是徽商之家。徽商是中国历史"三大商帮"之一，以吃苦耐劳、勤俭节约的本性受世人尊敬。自古徽商都非常讲道义、重诚信，胡家也是这样的一户人家。在对子女的教育上，胡家也秉承了徽商的传统，教育子女要保持艰苦朴素的作风，不得喜好奢靡荒淫，要多读书，提高个人文化素养。

到胡传这一辈时，胡家全部的开销都来源于两个茶店。这两家店中，一家开在上海黄浦江对岸，是早年间由胡传的太爷开起来的，另一家也开在上海，由胡传的父亲胡奎熙所开。为了照顾生意，胡奎熙经常往来于安徽和上海。

胡传身为家中的长子，很早便开始帮父亲分担业务，他的五叔星五先生见他自幼聪慧，勤奋好学，于是向他父亲提议，将他送到外面读书，免得耽误了他的前程。胡奎熙听过五弟的提议，觉得此言有理，便在胡传 17 岁那年将他带去了上海。

到上海的第二年，胡适通过了上海县试。第三年，他又通过了松江府试。胡传 20 岁那年，太平天国军队攻进了绩溪县，胡传带着全家开始了 5 年的逃难生涯，他的第一位妻子就是在这次战乱中殉节的。1864 年，战乱得以平息，胡传又开始准备考试。1866 年，25 岁的胡传终于考中了秀才，遗憾的是在这之后，他接连参加了几次省试，却没有一次考中。

1868 年，胡传入上海龙门书院就读，学习经史。在此期间，他发现自己一直所学的东西不适用于治世，于是转变了学习方向，将大部分的精力用于学习经世致用之学和古代军事地理。

走出龙门书院后，胡传在家乡做了 11 年教书先生，其间再次娶妻。胡传的第二任妻子先后为他生了三儿三女，随着家中人口越来越多，一家人的生活也越来越拮据。于是胡传向一位亲戚借了一笔旅费，决定北上京城谋份差事。

胡传没能在京城找到差事，幸而他在京城有两位亲友，在他们的介绍下，他决定继续向北，去边境试一试。胡传怀揣一份介绍书走了整整 42 天，终于到达北方，找到了朝廷派去处理边境事务的钦差大臣吴大澂，并自告奋勇与其一起去解决中俄边界纠纷。吴大澂问胡传为何有此请求，胡传说，自己对古代军事地理颇有兴趣，希望借此机会对北方的地理进行研究。吴大澂同意了胡传的请求。

胡传肯吃苦，跟着兵士们"夜则宿岸侧，以斧伐薪，群烧火以自暖，凿冰取水以饮，烘干粮以食，各卧爬犁中。冷不可耐，则各出所带高粱酒饮而暖之，或向火以待旦"，从不报怨。

1882 年，胡传被派往宁古塔与珲春交界的原始大山进行地理和人口考察。山中风雪交加，环境恶劣，地形复杂，胡传认真观察和记录山中的每一个细节，结合他所拥有的丰富的地理学知识，写下了调查笔记《十三道嘎牙河纪略》，交给吴大澂。此事之后，吴大澂更加看重他，于是找了个机会特别向朝廷保荐胡传，称此人"有体有用，实足为国家干济之材，不仅备一方牧令之选"。于是，胡传得到了候补知县的职位。

胡传很珍惜这个机会，是以做官期间任劳任怨，一心为国。他为人正直，又有智慧，负责东宁三岔口招民垦荒之事时，他了解农民的生活现状，懂得农民的心理，于是推行了免收垦民一年押荒钱的政策。政策一出，不但当地的农民争相参与，就连乌苏里江以东的土人和山东、辽南没有土地的农民也都特意赶来。

胡传还在他所撰写的《东北三省海防札记》中提出了在东北地区开枪炮之禁，实行全民皆兵、征收盐税补充军饷开支不足等多条政策。政策变好了，来此定居的人也越来越多，大量的外来人口也让原本荒凉的区域有了人烟，被开垦的荒地数量骤增。渐渐地，原来的荒地变成了农田和村落，集市也发展起来了。

一次，胡传与一队人去山中考察，意外地在大森林中迷了路。他们被困在森林中 3 天，身上的粮食都吃光了。就在大家即将绝望的时候，胡传提出顺溪流而寻路，理由是大多数溪流最后都会流到森林外面，沿着溪流而走，就有很大机会能够走出森林。胡传在前面走，其他人在后面跟，最后，他们果然走出了森林。

胡传在东北任职长达四年五个月，后因母亲过世，才匆匆赶回故里。为母守丧期满后，胡传又去投奔吴大澂。吴大澂将胡传派往海南岛考察民情，以便日后作为开发海岛的借鉴。胡传接下任务，对海南岛周围地理特征、气候、风土人情等进行了详细的考察和记录，这些资料为后来的地理学者们提供了极大的帮助。

1888 年，郑州一带的黄河决口，胡传听闻吴大澂被派往郑州任河道总督，立刻前去帮忙。河道治理结束后，吴大澂再次向朝廷保举胡传，使胡传成为直隶州候补知州，一有空缺，立即上任。

胡传的仕途越发顺利，家庭生活却没有那么幸运。他的第二任妻子玉环早在他 37 岁那年就病逝了，留下的六个孩子自他离开后一直交给亲戚照顾。如今，他的生活渐渐稳定，他决定续弦，并嘱咐家人，这一次一定要找一个庄稼人家的女子。

1889 年，47 岁的胡传娶了伯母为他选中的农家女顺弟。婚后，由于任期未满，胡传便带着新婚的妻子回了河南。结婚第二年，胡传的任期满了，需要由朝廷抽签进行新的分配。抽签的结果为江苏候补，于是胡传又带着妻子去了江苏等了两年，最后终于等到了一个上海"淞沪厘卡总巡"的职位。也是在同年，顺弟为他生了一个儿子。胡传的子辈都是"嗣"字辈，于是胡传为这个小儿子起名为嗣穈。这个孩子就是后来著名的学者和诗人胡适。

刚嫁入胡家时，顺弟的日子很不好过。对于孩子们的苛刻，顺弟一直容忍着。直到离开这个复杂的大家庭，过上三口之家的生活，顺弟的心里才渐渐感到了轻松。胡传虽然平日严肃，但对她却很好。胡适在《四十自述》里曾这样描述母亲随父亲去上海后的生活:"她脱离了大家庭的痛苦,我父亲又很爱她,每日在百忙中教她认字读书,这几年的生活是很快乐的。"

经过几次迁职,胡传的名字在官场中已颇有威望。1892年,朝廷决定将胡传调往台湾,任"全台营务处总巡",这一去就是4年。4年里,胡传与顺弟聚少离多,与胡适相处的时间也变得少了。

父亲的离世

胡传刚一到达台湾,便被安排了繁重的公务。首先,他被派去协助台湾巡抚视察全岛的军务。他用了6个月将台湾全岛的军事防御仔仔细细视察了一遍,从恒春到沪尾,再到台东、花莲、宜兰,就连最远的外岛澎湖都去过了。他每日都仔细地记录了军事防御的情况、将士情况、操行成果等。兵士们枪法生疏、军队久不训练、武器落后等情况都让他感到很担忧。

在《台湾日记与禀启》中,胡传指出,想要保护台湾岛的安定,一定要加强军队的训练。他还指出,台湾的地理位置和地形使它具有易攻难守的特点,所以只靠在陆地驻守是不够的,必须要加强水路防御,购买炮舰,并且训练一支出色的水军。胡传将这些建议上报给他的上级,上级对此非常重视,称赞他有军事头脑。

在《台湾日记与禀启》中,胡传还提出爱民的主张:"淡、新东境,内山新旧设防各堡,全不顾山川形势是否便利,军营声援是否联络，专务保守茶寮、田寮、脑寮，为自私自利之计。无论尺土寸地，一户一民，均须设兵保护，国家无此兵力，无此政体。无论此等零星单弱之防勇，断断不能堵御凶番出草杀人。"

1893 年，胡传当上了台东直隶知州，兼领台东后山军务。同年 3 月，他将胡适母子接到身边，又过上了三口之家的日子。

顺弟本是一个目不识丁的农家女，胡传教她认字时，会用楷体将字写在一张张正方形的红纸上，然后一个个教她认读。胡适降生后，胡传便把以前教顺弟识字的纸再拿出来教胡适认，顺弟则在一旁一边做助教，一边温习。胡传忙得顾不上教儿子识字的时候，顺弟便学着他的样子，拿纸直接教胡适认。离开台湾时，顺弟认识的字已经大约有 1000 个，胡适认识的字也有 700 多个了。

清朝末年，日本展开了对中国蓄谋已久的侵略活动。1894 年，中日甲午战争正式爆发，兵力上悬殊的差距使清政府一败涂地。胡传为了妻儿的安全，派人将他们送回绩溪家中，自己则留在了台湾，率领将士们抵抗外敌。

1895 年，清政府派出李鸿章与日本签订了《马关条约》。《马关条约》签订后，清政府下达了台湾所有文武官员都必须撤离台湾的命令。

胡传所守的位置为台东后山，电报不通，粮饷断绝，以至于直到 1895 年 4 月 27 日，他才接到撤离台湾的命令。此时的胡传已染上了严重的脚气病，双腿浮肿，左脚不能走路，行动非常不便，本应尽快到安静之处就医休养。然而他经过台南时，却遇到了被台湾人民推为抗日统帅的原台南守将总兵刘永福，被其拉住不肯放行。

刘永福看重胡传的军事才能，求他留下一同抗日，胡传不好推辞，于是暂且停止撤离，协助刘永福进行军事规划。然而，他的病一天比一天严重，由左脚不能行动发展为双脚都不能行动，刘永福见状，知道无法再留他，便允许他回去了。

胡传在同行人员的搀扶下终于登上了回家的船。一路上，他的病情越来越重，手也不能动了。最终，他还是没能撑到回家。船到厦门之后，他便病故了，享年55岁。

胡传病逝的消息传到家中时，胡适还很年幼，只有3岁零8个月，所以他对于父亲的死讯记得并不是很清。他只是隐约地记得母亲在听到父亲的死讯时突然整个人向后仰，连同坐着的椅子一起倒了过去，一时间，满屋子都是悲恸欲绝的哭声。那一年，顺弟刚刚23岁。

胡传在写给顺弟的遗嘱中说，穈儿天资颇聪明，应该令他读书。胡传也给胡适留了一张字条，上面嘱咐他长大后要努力读书。等到胡适长大一些，顺弟将字条拿给他看，告诉他这是他父亲亲手写给他的，胡适读过后，深受鼓舞。

胡适11岁时，家中只剩下二哥和三哥。胡适的二哥和三哥是一对双胞胎，二哥大一点，如今胡家的经济大权掌握在他的手中，胡适母子需要用钱时，都要必须向他申请，看他的脸色。按照胡传的遗嘱，胡适应该上学了，可是胡适的二哥并不情愿在这个同父异母的弟弟身上花钱，所以胡适母子不主动提出，他也假装不知道。

一天，顺弟终于忍不住，对胡适的二哥和三哥说："糜今年11岁了。你老子叫他念书。你们看看他念书念得出吗？"胡适的三哥听了，冷笑了一声说："哼，念书！"他二哥当时没说什么，只是冷着脸不作声。但是两年后，他还是同意让胡适去上学了。

学堂"新人物"

胡适13岁时才正式去学堂读书，但事实上，他的母亲一直都十分重视对他的教育。不满3岁时，胡适跟着父母学认字，学得很快。被母亲从台湾带回到家乡时，胡适虽然只有3岁零几个月大，却已认识近1000字了。他的母亲见他如此好学，又有天赋，便将他送到了他四叔的学堂里。刚入学堂时，由于个子太小，他总要很吃力才能爬到高凳上坐好。

胡适的四叔公介如先生开了个学堂，学生只有两名，一名是胡适，另一名是四叔公的儿子嗣秌，比胡适大几岁。嗣秌比较贪玩，只要父亲不在身边，他便会偷偷跑出去玩。恰好介如先生是个绅董，平时事情较多，时常被人邀走，很少留在学堂里，他的母亲又对他非常溺爱，从来不管他，所以大多数时间他都在外面玩，只留胡适一人在学堂里。

介如先生会在每天出门之前给两个孩子"上一进书"，让他们自己读，就像现在学校里的自习课一样。这样的课嗣秌是没有兴趣的，往往介如先生前脚刚出门，嗣秌便后脚溜出了学堂，不知去哪里玩了。天快黑时，介如先生会回来一趟，检查孩子们的功课，在孩子们习字的纸上圈点一番，等到放学再离开。介如先生给他们留的自习内容很简单，即使只是突击看一会儿，被检查时也几乎不会出现纰漏。嗣秌找准了时间，每天都是约莫着父亲快回来了才返回学堂，装模作样地温一会儿书。胡适倒是比较有耐性，在学堂里一坐就是一天，直到天黑。

后来，介如先生被调去颍州府阜阳县做训导，不能再继续经营学堂，便将学堂交给了族史禹臣先生。自此之后，学堂才有了些正规学堂的样子，学生也多了起来。

学堂里最先增加的 3 名学生中，有两名是守瓒叔的儿子嗣昭和嗣迖。嗣昭大胡适两三岁，也是个聪明的孩子，若是用心读书，定能读得不错。可他却偏偏不愿意去学堂，一有机会就要逃学。逃学之后，家是不能回的，于是嗣昭便将自己藏进麦田或稻田，既可以稍微挡一些风寒，也可以免得一下子就被找到。

起初，胡适不明白嗣昭哥哥为什么宁可跑到外面挨冻挨饿也不肯读书，直到长大之后，胡适才明白，嗣昭哥哥会逃学，其原因之一是他所生长的环境造就了他一口浓重的地方口音，使他每次念书时都因改不了口音而被先生责罚，不是吃戒方，就是被弹得头上都是包，这就难怪他不愿意去上学了。许是因为有过这些经历，胡适在日后从事教育事业时，才更明白传统教学的弊端。

嗣昭不愿意上学的另一个原因，是因为学堂里的课程太枯燥，他不愿意接受死板枯燥的教育，不喜欢每天坐在固定的座位上读着没有韵律的"之乎者也"。其他学生也是一样，他们想知道自己每天念的背的文章是什么意思，可先生却又因为学金太低，懒得给他们解释文章的意思。久而久之，学生们越来越不喜欢学习了。

禹臣先生对待学生比较严格，常常让年龄最大的嗣秌去把逃学的学生找回来。逃学的孩子回到学堂后，是一定会被先生毒打的，然而即便如此，他们也还是会逃学。他们逃得越凶，先生就打得越厉害。先生打得越厉害，他们就逃得越凶。如此成了恶性循环，先生自己却浑然不觉，从不去思考如何能让学生们心甘情愿地回到学堂里。

胡适没有挨过打，也没有感觉读书有多枯燥难熬，因为他很聪明，而且学习刻苦。他的母亲见他十分好学，便想让他多学些知识，特意付给先生额外的学费，请先生多为他讲解。其他孩子每年的学费只有两元，胡适第一年的学费却是 6 元，而后每年都在增加，到最后一年时已经达到 12 元。先生多收了学费，讲起来也格外仔细，大到一句话，小到一个字都为胡适解释得清清楚楚，直到胡适弄懂为止。

在母亲的督促下，胡适每天都是天刚亮便起床，然后穿好衣服去上学。几乎每一天他都是第一个到达学堂的人，甚至比先生还要早。所以他通常会先去先生家取钥匙，开了学堂的门，安静地在学堂里念书。等到先生到了，他将生书背给先生听，之后才回家吃饭。

在清朝，《三字经》《千字文》和《百家姓》被称为蒙学经典，一般的学堂都会从这三部典籍开始教，另让学生们学一些类似《神童诗》的书籍。胡适的识字量已不需要"破蒙"，所以刚入学堂时，介如先生没有让他念这些书，而是直接给了他《孝经》《孟子》《大学》《中庸》等书。后来换了禹臣先生，胡适手中的书便变成了《幼学琼林》《四书》一类的散文书。因为认的字比较多，胡适有时也会帮其他孩子认字，顺便看一看其他孩子手中他没有读过的书。

胡适刚一开始并没有意识到自己比其他孩子多学了什么，直到有一个孩子偷看了禹臣先生代笔的家书，却看不懂"父亲大人膝下"六个字是什么意思，去问他时，他才明白自己学到的东西确实比其他孩子多得多，也明白了只念古文却不讲解等于没念过的道理。

后来，胡适的二哥和三哥在上海念了新学堂后，便开始反对"八股文"，并嘱咐家里的先生不要教胡适做八股文，也不要教他策论经义，只要给他讲书就好。可是学堂里教的书越来越难懂，有些文章胡适读了很多遍仍然读不熟，更不要说读懂了。读《盘庚》时，胡适还挨了他自读书以来唯一的一次打。

胡适小的时候也被人起过绰号，叫"糜先生"，因为他小时候从来不和其他孩子一起疯闹，看上去非常稳重端庄，俨然一副文绉绉的教书先生的模样。家乡的老人们见了，觉得这孩子一看就能做学问，便叫他"糜先生"。

胡适不和其他的孩子疯闹，主要因为他的身体过于虚弱。在台湾的时候，他曾连着病过大半年，伤了太多元气。回到家乡时，他虚弱得连高一些的门槛都迈不过，自然更是没有多余的力气跑到外面和邻家的孩子打闹成一片。加之他的母亲对他管教严格，不许他在外面像个野孩子似地到处乱跑乱跳，所以大多时间，胡适都待在家里。

有些大人叫胡适"糜先生"其实带着半开玩笑的意味，可胡适却对这个称呼很认真。自从"糜先生"这个绰号在家乡流传起来之后，他便格外注意自己的言行，认为自己的言行举止一定要有些"先生"的样子。

在人们的印象中，小男孩一向是淘气的，不安分的。幸而胡适生性不是很活泼好动，也没有在幼儿时期养成疯闹的习惯，所以对其他孩子们的游戏并无大兴趣，对于在家中安静读书的生活却很习惯。不过沉稳归沉稳，孩子的心性还是有的。有的时候，胡适走出家门，看到旁边的小孩子在玩掷铜钱一类不那么剧烈的游戏，也会凑到跟前看，或者跟着他们玩。然而他却是不能像其他孩子一样，一玩起来便十分投入，对周围的环境不管不顾。但凡有长辈从旁边路过，玩笑地问他"糜先生也掷铜钱吗"，他便会感到非常羞愧，认为自己失了"先生"的身份，而后也就没办法玩得尽兴了。

胡适回忆自己的童年时说，除了读书和写字，他几乎没有做过其他事情。难得的娱乐活动，便是在十一二岁时和同学组过一个戏班子。那时，其他男孩子都喜欢拿着木刀竹枪之类的东西比比画画，扮演大将，胡适却只演文角，从不舞刀弄枪。难得扮演过一次武生，却还是个被人一箭射倒的史文恭。

胡适把童年中最多的时间都用来读书，他一生之中读到的前两篇文章都出自他父亲胡传之手。第一篇是题为《学为人诗》的四言韵文，是胡传生前亲笔所写，其中表明了胡传对做人之道的理解。第二篇是名为《原学》的韵文，讲的是有关哲理的内容。因为内容过于深奥，当时的先生讲解不了，所以胡适只当它们是普通的读本，会念，但不懂。等到他真正懂得其中的道理时，已是成年之后的事了。

拜神到无神

11 岁时，胡适开始能够自己读古文书。禹臣先生叫他读《纲鉴易知录》，他读了。后来先生又叫他读《御批通鉴辑览》，他也读了。这时他的二哥从新学堂回来，看到他读的书后表示不赞成，建议他读《资治通鉴》，于是他开始接触到中国史，并开始对这方面的书有了兴趣。

《资治通鉴》是北宋著名史学家、政治家司马光带着他的多位助手共同编纂的一部巨著，耗时 19 年，是中国历史上规模最大、涉及朝代最多、涵盖范围最广的编年体通史。全书 294 卷，300 多万字，另有《考异》《目录》各 30 卷。

《资治通鉴》中记载了从周威王二十三年到五代后周世宗显德六年，共 16 年之间的政治、军事、民族关系，以及部分经济、文化和历史人物评价。历代君王、文人、政界要人都争相阅读此书，并皆有巨大收获。

胡适读过这本书后也产生了较深的感触，想以此编一部《历代帝王年号歌诀》。他把想法说给与他只差几岁的近仁叔，得到了近仁叔的支持和鼓励，他很受鼓舞，于是立刻将想法付诸实践。可惜的是，后来这部歌诀遗失了，他也记不得自己当初究竟写了什么。

胡适热衷于阅读《资治通鉴》，一边读，一边从中汲取到很多知识。除了从历史中学到了为人治世之道外，他读此书的最大收获，便是接受了无神论的思想。

封建社会，上到皇帝，下到百姓，几乎人人都相信鬼神之说。平日里，人们遇到佛像或是神像，总要满怀敬畏地拜一拜。谁家若是发生了什么意外的灾难，人们便会认为，一定是这家人冲撞了神明，或是招惹了不干净的东西，才会天降灾祸以示惩罚。自小生活在这样的环境中，又听过许多相关的故事，胡适起初对鬼神之说也是相信的，并且时常会对故事中的关于地狱的描写感到恐惧。

司马光在家训中有过关于地狱的言论，他说："形既朽灭，神亦飘散，虽有剉烧舂磨，亦无所施。"胡适曾在朱子的《小学》中读到过这几句话，读完一遍之后，他不由得又连着读了几遍，突然感到头脑中顿时清晰了许多，心里也轻松了许多，于是不再害怕那些被人形容得栩栩如生的惨状了。

司马光的几句话就这样印在了胡适的头脑中，影响了他很多年。当他在《资治通鉴》中读到司马光写的"缜著《神灭论》，以为'形者神之质，神者形之用也。神之于质，犹利之于刀；形之于用，犹刀之于利。未闻刀没而利存，岂容形亡而神在哉？'此论出，朝野喧哗，难之，终不能屈"时，立刻就有了更深一层的领悟。

范缜的《神灭论》是中国古典文学的名篇之一，其主要思想是宣传人的形体和精神具有统一性，"形存则神存，形灭则神灭"，并对魏晋时期的宗教佛学思想进行了大力抨击，呼吁世人不要相信神的存在，不要迷信。

司马光在《资治通鉴》中只引用了范缜《神灭论》的一部分，对于胡适来说，这些材料却足以让他彻底不再相信鬼神。之后，他又在《资治通鉴》中读到了范缜与竟陵王萧子良关于"因果"一事的辩论，这些内容更让他放宽了心，不再担心害怕。

在佛家思想中，凡事都有因果，种什么因，便会得什么果。对于竟陵王所提出的"人为何有贵贱之分"的疑问，范缜的回答是："人生如树花同发，随风而散，或拂帘幌，坠茵席之上；或关篱墙，落粪溷之中。坠茵席者，殿下是也。落粪溷者，下官是也。贵贱虽复殊途，因果竟在何处？"

范缜以同树所生的花做比喻，虽然有的花因为风拂帘幌而飘进屋里，落在茵席上，有的花则因篱笆的遮挡而掉进粪坑中，但归根结底，它们都来自同一棵树，都是被同样的风吹落，即使它们最终的归宿不同，有贵贱之分，可它们在最初是平等的，相同的，所以完全不存在因果报应之说。

胡适读过这段引言，非常认同范缜的解释。小时候，大人们常以因果报应来吓唬小孩子，以此让他们乖一些，不要犯错，不要做不好的事，还将一些莫须有的故事绘声绘色讲给孩子们听，吓得孩子们小心翼翼，生怕来世变猪变狗。如今，因为知道了没有轮回和因果，他的胆子也就变得大了许多。

　　胡适会相信"无神论"，有一部分原因也是遗传了他的父亲胡传。胡传在郑州办河工时，发现当地的治河官十分迷信，一见到水蛇蛤蟆就认为它们是河神的化身，急忙举行隆重祭拜。对此，胡传感到很可笑，很荒谬，于是作诗道："纷纷歌舞赛蛇虫，酒醴牲牢告洁丰。果有神灵来护佑，天寒何故不临工？"

　　胡适不相信世上存在鬼神之事，可他的母亲仍然相信这些迷信的东西，总是拉着他拜神拜祖。胡适对于母亲是尊重的，不敢当面反驳母亲的做法，告诉她这些事毫无用处，于是每当母亲拉着他去拜祭祖先和神佛时，他也只能满心别扭地跟去，然后在母亲虔诚祈祷时假装用心，实则暗自埋怨。

　　因为彻底不信了鬼神之说，胡适不但不怕了，有时还会耍点小聪明，想要借此逃避母亲的责罚。13岁那年的元宵节，胡适带着外甥路过外婆家村口，看到有几个泥菩萨，突然提议把泥菩萨扔去茅房。胡适这一提议吓得他的外甥不知所措，跟着他们的长工怕胡适得罪了菩萨，急忙上前阻挡，这一阻挡，胡适更不高兴，于是捡起石头去打泥菩萨。长工看到有人朝他们走来，急忙硬是将胡适拉走了。

　　当天晚上，胡适陪着家里的客人们喝了一两杯烧酒，喝得有点醉了。他跑到外面，冲着天上喊："月亮，月亮，下来看灯！"别人家的孩子看他这样，也一起凑热闹，学着他的样子冲天上喊。胡适的母亲听见他这样大喊大叫，一点也不注意形象，就让人出来叫他回家，可是胡适害怕回家后会被训斥，于是拔腿就跑，而且越跑越快。直到他跑不动被母亲追上拉回家时，他还在那里大喊着让月亮下来看灯。

送胡适回家的长工把路上发生的事告诉顺弟，并说胡适现在这样可能是中邪了。胡适觉得好笑，可他突然想到，若是自己说是喝醉，母亲一定会狠狠教训他一番，可若他假装真是鬼神上身，依母亲的性格，应该不会与他计较。于是，他决定假装中邪，以此逃过责罚。打定主意后，胡适越发肆无忌惮，越闹越凶。他的母亲吓坏了，急忙去洗手焚香，对着天空念念有词，无非是些请神明原谅之类的话。胡适则迷迷糊糊躺在床上睡着了。

第二天醒来，胡适见母亲果然没有责罚他，只是口头教训了一场，心里有点得意，以为自己的小计谋得逞了。没想到一个月后，母亲拉上他，带着猪头和香烛纸钱去找那几个泥菩萨还愿。当他被母亲押到泥菩萨面前，跟着母亲又是跪拜，又是道谢的时候，他想笑，却又不敢笑，只能陪着母亲做完这些事，心里难为情极了。即便如此，他也不敢对母亲说出真相，而是到了 27 岁时才告诉母亲，那次的事是他自导自演的闹剧，根本不是菩萨的惩罚。

勤奋好学的少年

名校插班生

胡适不同于其他顽皮的孩子，一读书便打瞌睡，或者坐不住板凳。胡适自小就对学习有很大的兴趣，后来读过父亲给他写的遗书，知道父亲对他的期望，便更加刻苦地学习。天资的聪颖加上后天的努力使胡适进步极快，不出几年就成为学堂里出类拔萃的学生。

学堂的先生学问并不是很高，为孩子们开蒙尚且可以，再难一些的学问，他便讲不明白了。发现了胡适的与众不同后，先生认为自己已经教不了这个孩子了，于是主动向胡适的母亲提出了辞呈，请胡适的母亲另请高明。

胡适的二哥和三哥是双胞胎，都曾在上海念过新式学堂。后来三哥得了肺病，身体非常虚弱，便一直在家中休养。1904年，三哥的病情变得很危险，决定由二哥陪他去上海治病。在胡适母亲的要求下，兄弟二人离家前带上了 12 岁的胡适。胡适第一次离开了家，离开了母亲。

初到上海，胡适对一切都不适应。上海是个热闹的城市，一切都和家乡不一样。上海人讲的方言非常难懂，他只能听得到周围人在讲话，却听不懂他们在说什么。在二哥的安排下，胡适进入了他在上海念的第一所学校梅溪学堂，并起了学名洪骍。

梅溪学堂的前身是梅溪书院，由近代小学教育的创始人张焕纶及其好友于光绪四年（公元 1878 年）创办。由于接收的学生都是刚开蒙的小孩子，所以当时名为"正蒙学院"。清末废科举后，后因学生人数增加至近百人，松苏太道邵友濂拨款扩建校舍，将书院迁址到当地梅溪旧址，并更名为"梅溪书院"。

书院和私塾是中国古时最常见的教育场所，也是中国的特色，梅溪书院却有些与众不同。此处是上海最早进行现代教育的学校，其办学体制、课程设置、教学内容等均以西方学校为参考。张焕纶的办学宗旨为"千万不要仅仅做个自了汉"，所以学校开设了外语课，并设有军事训练。

胡适能进入梅溪学堂，一方面因为他的二哥三哥都曾在此就读；另一方面因为胡适的父亲胡传生前与张焕纶是好友的关系，并称此人是他最佩服的一个朋友。然而胡适入学第一年，张焕纶便因病去世，胡适只在他去世前见到他一次，没有机会向他学习更多。

胡适入学时，梅溪学堂开设的主要科目有国文、英文和算学。张焕纶认为，学习外国语言固然重要，但切不可顾此失彼，忽略了本国的文字和文化。为了避免学生偏重英文，轻视国文，他在学校定了个规矩，学校会按照学生的国文程度将他们分入不同的班，如果国文程度不好，即使英文和算学都到了头班，也不可以毕业；如果英文和算学的程度一般，国文的程度却到了头班，就可以毕业。

胡适之前只读过私塾，不曾受到过新式教育，也不曾做过文章，所以刚入学时被编入了五班，差不多是全校级别最低的班。五班所学的国文非常简单，是文明书局的《蒙学读本》，这种书对胡适来说再简单不过，于是他将大部分精力放在学习英文和算学上。

胡适刚到上海时，因为语言不通，一段时间内很少与人交谈，只是自顾自地学习。一个半月过去了，胡适有些适应了这里的生活，也勉强学会了一点上海话。当他在一堂国文课中听到授课的先生将"二人同心，其利断金，同心之育，其臭如兰"的出处《系辞传》不小心说成《左传》后，便在课后拿着书找到先生，小声地指出了这个错误。

胡适所在班的先生姓沈，沈先生对胡适能够指出这样的错误感到惊讶，因为胡适在班里很少言语，也很守规矩，所以他一直没有对胡适特别留意。如今，这个平日里不声不响的乡下孩子竟然能够发现他讲课中的失误，沈先生先是感到脸红，随后对这个学生产生了兴趣。

沈先生问胡适是否读过《易经》，胡适说读过。沈先生又问

他是否做过文章，胡适说没有。于是沈先生以"孝悌说"三字
为题，让胡适试着以此题做一篇文章。胡适回到座位上，勉强
写了 100 多字，交给沈先生。他没想到，这篇文章竟然让他连
升了两班。

沈先生读过胡适的文章，便让胡适拿好东西跟他走。他带着
胡适走到楼下，穿过前厅，最后走进二班的课堂，对二班的教员
顾先生说了几句，顾先生便将胡适叫进了课堂，把他安排在末一
排的桌子上。胡适这时才知道，自己被升了班。

升班对于胡适来说是件值得开心的事，不过一下跳升两个
班，课业突然间变难了很多，而且胡适的上海话还说不好，所以
他既不敢问先生，又不知道怎么向周围陌生的同学开口，只能一
个人冥思苦想。

一天，胡适正对着黑板上"原日本之所由强"的论题和"古
之为关也将以御暴，今之为关也将以为暴"的经义题发愁时，一
位茶房匆匆走进教室对先生说了几句话。先生听过，便立刻让胡
适收拾东西回家，并允许他下星期四再交卷。

胡适在门房见到了胡家上海油栈的一位职员，他一边跟着
职员往店里赶，一边听这位职员告诉他，他的三哥在店里突然病
危，他的二哥又不在上海，所以只能找他回去处理。

两天后，胡适的二哥从汉口赶回上海，为三哥料理后事。三
哥的后事处理完，胡适借机会向二哥请教了那两个自己弄不懂的
题目。在二哥的推荐下，胡适查了《明治维新三十年史》、壬寅
《新民丛报汇编》之类的书后，终于写出了一篇论说。又过了几

个月，胡适从二班生升为头班生。

1912年，梅溪学堂改名为梅溪小学校，胡适和张在贞、王言、郑璋四人因为国文成绩优秀，被学堂推举去上海道衙门考试，可是胡适、王言和郑璋三人却并不愿意去。一方面是因为就在不久前，上海发生了一起俄国水兵无故杀害一名宁波木匠的事件，而上海道衙门却不肯为受害者伸张正义；另一方面，他们三人都读过维新派成员梁启超、邹容等人的书，痛恨清政府的腐败无能，主张废除封建政权。

考试举行前，胡适等三人不约而同地离开了梅溪学堂。之后，胡适应二哥曾经的同学——澄衷学堂总教白振民先生的邀请，开始了他的第二段新式学堂生涯。

入澄衷学堂

澄衷学堂是上海有名的私立学校，起初只接收宁波的贫寒子弟。学堂规模扩大后，才开始接收其他地方的孩子。澄衷学堂的创始人是宁波富商叶成忠，也许因为财力相对雄厚的原因，相比之下，澄衷学堂的设施比梅溪学堂完善得多，除了梅溪学堂有的三科外，还设有物理、化学、博物和图画等多门课程。这里分班的标准也和梅溪学堂不同，不单以国文程度为依据，而是依据学生各学科的平均程度进行分班。

澄衷学堂有12个班，由高到低依次是东一斋、西一斋、东二斋、西二斋、东三斋、西三斋……一直排到东六斋、西六斋。前6个班相当于现在的中学，后6个班相当于现在的小学。

胡适离开梅溪学堂时，国文程度已远远高于同届其他学生，足够进东一斋（一班）的水平，可由于他的英文还未读完《华英初阶》，算学也只做到"利息"，只有初级水平，所以只能从东三斋（五班）开始念。

澄衷学堂有非常优秀的英文教员，他们毕业于圣约翰大学，接受过严格的语言训练，并将这种训练带到了澄衷。他们给学生们制订了周密的英文学习计划，从习字开始，逐渐上升到默读、造句和作文。这些英文教员每天都会对学生们的作业进行认真批改，在这样的教育下，胡适的英文水平提升得很快。

在澄衷学堂的日子里，胡适对算学的兴趣也突然增长不少，于是每天晚上都在熄灯之后点根蜡烛，偷偷练习算学。卧室里没有桌子，没地方摆放书本，也没地方演算，于是胡适想了个办法，把蜡烛放在帐子外的床架上，再把石板放在枕头上，然后趴在被窝里借着烛光做算学题。他只用了一个夏天，就学习完了初等代数。

在澄衷学堂，每月一次月考，半年一次大考，每次考试结束后，所有学生的成绩都会被公布出来。胡适一边努力提高英文和算学的水平，一边努力学习之前不曾接触过的新课程。不懈的努力使他取得了很大的进步，一年之中，他连升四班，并且常是班里的第一名。

许多学生羡慕胡适身上的光环，却很少有人知道这光环的背后，胡适付出了多少辛苦，甚至曾一度因连续熬夜学习而影响了身体健康，最严重时双耳聋得几乎听不见声音。胡适知道自己从小身体就不好，但他不想因此对自己放松要求。一次次的跳班给了他很大压力，为了能够更好地跟上学堂的进度，他将体操作为自己每天必修的功课之一，果然，几年下来，他的身体素质有了很大的提高。

一年升了四班，胡适却从不自满和骄傲，对于所有教过他的老师，他都心怀深深的感激之情。在所有的老师中，他最崇拜的是杨千里先生，因为杨千里先生脑中有许多新思想，他鼓励学生们"言论自由"，并且时常给学生们布置一些与先进思想有关的作业。在杨先生的推荐下，胡适读到了吴当纶删节的严复译本《天演论》。

《天演论》是由自称"达尔文的斗犬"的赫胥黎在牛津大学的一份演讲稿，讲于1893年，后被人整理，成为《天演论》。1896年，严复将此稿译成中文，加以评论，编辑成书，于1898年正式出版。

《天演论》的问世令中国刮起了一股推崇"物竞天择"之风。胡适在最初读到此作时兴奋不已，并对其中提到的"天演"、"物竞"、"天择"、"适者生存"等新名词产生了很大兴趣。有很多爱国之士因为受到这本书的影响，将自己的或孩子的名字改为"竞存"、"天择"之类。

胡适也受到了《天演论》的影响，想给自己起一个表字，便请他的二哥代他想一个。他的二哥提议用"适者生存"的"适"字，胡适很高兴，于是以"适"为表字。又因为他的二哥字绍之，三哥字振之，于是他为自己起字"适之"。

杨先生曾让学生们以"物竞天择，适者生存"为题作文。这个题目看起来很简单，内涵却很丰富，班里的学生们都是十几岁的孩子，对此了解不够深刻，但是杨先生鼓励他们大胆写出心中的理解和想法，于是胡适提笔写下了如下字句：

"今日之世界，一强权之世界也。人亦有言，天下岂有公理哉！黑铁耳、赤血耳，又曰公法者，对于平等之国而生者也。呜呼！吾国民闻之，其有投袂奋兴者乎。国魂丧尽兵魂空，兵不能竞也；政治、学术西来是仿、学不能竞也；国债累累，人为债主，而我为借债者，财不能竞也。以劣败之地位资格，处天演潮流之中，既不足以赤血黑铁与他族角逐，又不能折冲樽俎战胜庙堂，如是而欲他族不以不平等相待，不渐渍以底于灭亡，亦难矣。"

胡适的这篇文章令杨先生非常满意，认为一个十几岁的孩子就能有如此洞察力，有如此忧国忧民之心，实在难得，于是在评语中称赞了胡适，并奖励胡适"制钱二百"。后来胡适的这篇作文被收录进了澄衷学堂的文献库里。

严复的《天演论》虽然对胡适产生了很大影响，但胡适并不十分喜欢这部书，认为严复所用的文字过于古雅，读起来不是很舒畅。相比之下，胡适更喜欢读梁启超的文章，认为那些文章有生命力，能够紧扣人心，让人不由得投入其中，对一个新的世界产生了好奇心。

读过梁启超的《新民说》与《中国学术思想变迁之大势》，胡适认识到除了中国的传统美德外，其他的国家也同样拥有许多美德和高等的文化，这些都值得他去学习。他对新世界也更加向往，正因如此，才会在后来写了《中国哲学史》。

读过梁启超的《清代学术概论》后，胡适兴趣大增，一直盼望着梁启超能够尽快将《清代学术概论》中不完全的地方补全，可梁启超却没有再继续，胡适有点失望，但同时，他也产生了一个念头，就是要替梁启超把中国学术思想史补全。

1906年2月，大批留日学生因反对日本文部省颁发的《取缔清国留日学生规则》而罢课回到上海。这些学生中有些人的学业还没有完成，需要继续学习，有些人已经毕业，需要一份工作，留学生中的姚洪业、孙镜清等人见此情形，便着手筹办中国公学，将地址选在上海北四川路横浜桥。经过两个月的准备工作，1906年4月10日，中国公学正式成立。

中国公学是中国最早的一批大学之一，也是近代中国最早且最具影响力的一所民办大学。没有清政府的支持，中国公学创办初期的经费主要靠自筹。虽然两江总督端大人很开明，表示每月都会拨给学校1000两白银。可学校刚起步，需要投入的资金太多，1000两白银根本不够维持学校的正常运作。直到后期，社会才稍稍改变了对中国公学的态度，赞助的人也多了起来。

中国公学的创始人和管理者基本都是"海归人士"，在办学理念和办学方式上都比较西式，学校分大学班、中学班、师范速成班、理化专修班。在招生方面，他们采用了西方"宽进严出"

的原则，不对考生进行硬性学历规定，高中没有毕业的人也可以投考。开学第一期，中国公学就招了学生共 318 人，胡适也是其中之一。

胡适在澄衷只念了一年半，学习和口才却都有了大幅度提升，他身上那些属于旧时代的气息已经退去得差不多了，取而代之的是流利的表达和充满自信的眼神。在澄衷的最后半年里，胡适被任命为西一斋的班长，既要管理和维护班上的同学，又要时常和学校管理层进行沟通。

胡适理解学校的纪律，同时也理解学生们的处境。有一次，他为了班里一名同学不被开除而几次向学校提出抗议，最后被记大过一次。这样的处境让胡适左右为难，开始有些想离开澄衷。恰好在此时，中国公学面向全国招考，有朋友劝胡适去试试，胡适就真的去试了，并且考上了。

文坛露头角

暑假之后，胡适进入了中国公学。

胡适进入中国公学后，立刻有了一种不一样的感觉。同样是坐落在上海的学校，校园的氛围却有很大差别。其一是校园中到处可见留着短发、穿着和服的人，拖着木屐走来走去；其二是学生们年龄的差距很大，除了大学生，竟然还有一些戴着花镜，穿着传统的老先生们。

胡适虽然小时候因为性格沉稳被乡人称作"小先生"，可如今，当他真正站在一大群成年人和老先生中间时，便很明显只是一个小孩子。公学中只有极少数的学生和胡适年龄差不多，老师和年长的同学们都对这些小孩子非常关心，时常鼓励他们，帮助他们。

大学生们对胡适很热情，他们会为他讲解他学不懂的知识，也会在他面前谈及他们的革命活动，但他们从没有一次劝胡适与他们一起革命，也不拉他进同盟会，就连他脑后的辫子都没有人劝他剪。一方面因为他们觉得胡适太小，还是个孩子，不应该卷入革命之中，另一方面因为他们认为胡适是个适合做学问的人，所以对他格外爱护。

胡适在中国公学是有一定名气的，不仅因为他年龄小，还因为他在参加入学考试时就展现出了他在做学问方面的才能。虽然胡适早就不记得自己当时都说了什么，但他监考的总教习马君武先生在事后告诉他，所有教员看过他的答卷后，都认为公学得了一个好学生。

中国公学有许多新的特色：首先，老师讲课用的是普通话；其次，学校的章程由学生做主，由学生为学生服务。在中国公学，学生们崇信共和，所以他们乐于通过民主的方式管理校园事务。胡适入学后不到一个月就参加了竞业学会，这个学会是由他的几位室友创办的，目的是"对于社会，竞与改良；对于个人，争自濯磨"。

胡适的室友们大多是邻县的青年人，说着胡适听不懂的方言，所以一开始，胡适没有参与过他们的讨论。后来，胡适和他们渐渐熟悉了，学会的创始人钱文恢便主动邀请胡适加入他们的竞业学会。

胡适应邀加入竞业学会后，同住的钟君见他白话文作得好，便建议他给《竞业旬报》写文章。《竞业旬报》是隶属竞业学会的白话文旬报，其宗旨为："振兴教育，提倡民气，改良社会，主张自治"。第一期《竞业旬报》出版于 1906 年 10 月 28 日（农历九月十一日），报上刊登了许多提倡"国语"的文章。

胡适当时正在读《老子》，对其中"自胜自强"一句非常有感触，于是以"期自胜生"的笔名写了一篇《地理学》，刊登在了《竞业旬报》的第一期上。这也是胡适写的第一篇白话文。数年之后，胡适回过头看他的这篇文章时，认为这篇文章虽然内容过于浅显，但好在通俗易懂，与他一生的作文宗旨刚好相符。

胡适写了一个月的白话文后，开始有了写一篇长篇章回体小说的打算。章回体小说写起来很不容易，不但要求作者想象力丰富，还要求作者有逻辑性，能够将前因后果说得明白，连得通顺。不过对于 15 岁的胡适来说，这似乎并不是难事，他一下子拟了 40 回的题目，并且很快就写出了第一回，发表在《竞业旬报》的第三期上。

胡适的小说名为《真如岛》，他的本意是通过编撰一些因为人们迷信而发生的荒诞故事，以此来向人们宣扬迷信的害处。可惜的是，《竞业旬报》办到第十期时因经济问题突然停刊，他的小说刚刊登到第六期，便没了继续刊登的地方。虽然两年后《竞业旬报》复活，可复活后的《竞业旬报》没了主编辑，胡适也就提不起兴趣继续投稿了。

世人每谈及胡适在中国公学的生活，几乎皆知他曾独自一人打理《竞业旬报》，作文无数，是《竞业旬报》最年轻的主编。然而却很少有人知道，胡适在中国公学时还有过另一个著名的称号——"少年诗人"。

那是胡适刚进入中国公学还不到半年的时候，或许因为自小体弱的原因，他突然病了，与他父亲当初在台湾得的病一样，是脚气病。脚气病是一种常见的营养素缺乏疾病，主要表现为肌肉酸痛、运动方面出现障碍、厌食呕吐、健忘等，严重时可导致病人发生意识障碍、昏迷，最严重时可导致死亡。

胡适的病情较轻，没有危及生命，可即便病情不算严重，继续上学也是不方便了，只得向学校请了假，回到胡家设在上海的店铺中养病。养病期间，胡适闲得发闷，便四处找些可阅读的书籍来看。正是在这段时间里，胡适第一次接触到了古体诗歌。

据胡适在《四十自述》中所写，他当时是在一个偶然的机会下读到了吴汝纶选的一种古文读本，其中第四册全是古诗歌，有乐府歌词，也有五七言诗歌。他读着读着，竟然对此产生了浓厚的兴趣，一发而不可收，于是每天都会选几首诗熟读，并将它们牢记于心。没用多少时间，他便读完了整本书。

胡适此前从未想过古体诗竟然也有如此美妙的旋律，如此灵动的节奏。想起儿时，他虽曾读过一些古诗，可那些诗都是律诗，格律过于严谨，平仄又过于工整，读起来一板一眼，让他感到十分无趣，所以他长大之后才一直没有留意古体诗歌。

人一旦对一件事有了兴趣，接下来的进展就会变得很自然，无须他人嘱咐和监督。读完这本古诗，胡适意犹未尽，便像当初到处收集白话小说一般，到处寻找类似的古体诗集。

年轻的主编

胡适一生，在文学领域中的几次重要转变似乎都是偶然而成的，他当初会对白话小说产生兴趣，便是出于一次偶然。9 岁那年，他无意中在四叔家的废纸堆中发现一本破损的书，书的第一页写着"李逵打死殷天锡"。胡适对于李逵的名字并不陌生，立刻知道这书是小字木板的《第五才子》。于是他站在废纸堆旁，一口气把残本全都看完了。

清朝年间曾流传着"十大才子书"，这是一套丛书，包含了我国元、明、清 3 个朝代小说的精粹合集，其中《第一才子》为《三国演义》，《第五才子》为《水浒传》。

看完残本，胡适满心想的都是书的其他部分讲了些什么。他知道整个家族里数他的五叔最会讲故事，于是满怀希望地去问五叔有没有整本的《第五才子》。五叔说家里没有，让他去问宋焕哥。宋焕哥说他也没有《第五才子》，但是可以帮胡适去借一本，在借到之前，他愿意先把自己的《第一才子》（即《三国演义》）借给胡适看。

胡适心满意足地捧着《第一才子》回到家中，全神贯注地读起来。读完之后，《第五才子》的全本也借到了，他又开始如饥似渴地阅读《第五才子》。两套书都读完后，他已经对小说产生了痴迷的感情，于是从四处借小说来看改为收藏小说。五叔、宋焕哥和他的三姐夫在这方面都帮了他不少忙。特别是他的三姐夫，每次去他家时，都会送几本小说给他。三姐夫的学识有限，所送的小说质量都一般，可即便如此，胡适每次收到新书时也非常高兴。

在胡适心中，为他阅读小说贡献最大的人是他的族叔胡近仁。近仁叔与胡适年龄相差不多，两人又兴趣相投，所以时常交换彼此的藏书。两个人还经常比赛，将自己读过的小说名称记在各自的小手折上，以便比较谁读过的小说更多。可惜的是后来两个折子都不见了，胡适只能隐约记得自己的折子上已经记了大约30部小说。

再后来，又是一个偶然的机会，胡适在他的二哥那里看到一本外国小说的译本，书名叫《经国美谈》。那是胡适有生以来第一次接触外国小说，也是他第一次接触到另一个世界的文学和文化。所以许多人认为，对胡适在小说阅读方面起着最特殊意义的人，莫过于他的二哥。

很多人看小说纯粹是为了消磨时间，对于胡适来说，小说的意义则没有那么简单和肤浅。他看的小说中，不但有小说，还有弹词、传奇，以及笔记小说。读过的书越来越多，书的质量也由次到好发生着变化，胡适开始明白什么是一流的小说，什么是无意义的小说。在他读过的小说中，有一大部分都是白话文小说，这些小说让他越发感到八股文应当被废，文言文不应成为主流文风，也正是这些小说为他后来推行白话文运动打下了基础。

从儿时喜欢通俗易懂的白话小说，到大一些后喜欢自由的诗歌，胡适已经形成了他独特的性格和爱好，他对自由文学形式的喜爱也渐渐增加。有了吴汝纶选的铺垫，十几岁的胡适开始大量阅读各种古体歌行，从《木兰辞》和《饮马长城窟行》，到《陶渊明集》和《白香山诗选》，再到《杜诗镜诠》，胡适读过的歌行越来越多，接触到的诗人风格也越来越多。渐渐地，他开始专读古体歌行，再也不碰律诗了。

"熟读唐诗三百首，不会作诗也会吟。"少年胡适是个有灵性的孩子，读的诗多了，也就渐渐会写诗了。养病期间，他时常会在身体状况好转的时候回学校看看。一次，他回到学校，路过《竞业旬报》社，得知当时的主编傅君剑要离开上海回到湖南，便作了一首送别诗送给傅君剑。

初次作诗，胡适对自己的作品并不自信，在交给傅君剑时还问对方这像不像是一首诗。傅君剑读过，对此诗大加夸奖，可胡适仍不太自信，怕对方只是出于客气，或是不忍伤害一个小孩子的自尊心才出此言。

傅君剑在收到诗的第二天回赠了胡适一首《留别适之即和赠别之作》，其中有两句是这样写的："天下英雄君与我，文章知己友兼师。"傅君剑比胡适年长许多，胡适见他将自己与其并称"天下英雄"，又将自己视为知己，且"友兼师"，心感受宠若惊，立刻将诗小心藏好。

得到傅君剑的鼓励，胡适想要做名诗人的念头就此萌生，并开始将全部精力用于诗歌研究和创作中。再次回到公学的胡适已和养病前全然不同，再不会为了提高算学而趴在床上借着烛光演算，反倒常在数学课上以高等代数课本为掩盖，偷偷翻阅《诗韵全璧》。

1907 年春，中国公学组织了一次旅行，目的地是有"人间天堂"之称的杭州。自古以来，以杭州为题材的诗歌层出不穷，胡适与同学泛舟西湖时也作了一首绝句，但由于不懂诗韵，全诗只押了两个韵脚。当时杨千里先生也在船上，看过胡适所作的诗，为他改动了两个字，读起来虽然意思全然不同了，但诗的节律确实美了许多。此时胡适才明白，作诗可以不遵循对仗，却不能不押韵，为了押上韵脚，诗的意思也可适做更改。

因为只读歌行，偶尔读些绝句，初学作诗的胡适一直不敢作律诗。作诗一年之后，胡适才开始试着作些律诗送给朋友，请他们雅正。作了几首律诗后，胡适发现原来作律诗是最容易的，不需在意内容，也不需在意情绪，只要押得上韵脚，对得齐对仗，就作得成律诗。

1907 年 6 月，胡适又一次脚气病发。按照徽州人的习俗，若是有人在外地得了脚气病，必须立刻返乡，只要船一到钱塘江上游，病症便会渐渐减轻。于是，胡适也遵循着家乡的习俗回了家。

顺弟见到胡适回来，自然非常高兴。胡适的心里也很高兴，他年幼丧父，之后便一直与母亲相依为命，在他生命中，最亲近、最敬重的人便是他的母亲。

在家中休养了两个多月，胡适的身体有了好转，便又动身返回学校。这次返校后，胡适不但会作诗，还与几名同学开始接触诗词翻译，试着将自己喜欢的英文诗以中文诗词的形式翻译出来，或将自己喜爱的中文诗词翻译成英文。他"少年诗人"的名号也就此在校园中传开了。

胡适在自传中承认，正是在养病的那段时间，他开始走上文学史学的道路，并从此一条路走下去。虽然中途也曾试着折返回自然科学的道路上，但对文学、史学的强烈兴趣驱使着他一再向前，令他无法抗拒这股强大的力量。1908年，《竞业旬报》复活，却因没了主编而陷入了混乱。于是《竞业旬报》复活后的第四个月，胡适接过了主编辑之职，开始负责整个报纸的内容，他的小说也继续开始创作。

一边写小说，一边写论说，一边写新闻，一边负责报纸的编辑。从第二十四期到第三十八期，胡适几乎独揽了《竞业旬报》的所有内容。虽然辛苦，但胡适乐在其中，他认为若是没有《竞业旬报》，他就不会有这种自由发表言论的机会，也不会有这样让他锻炼白话文的机会。这段时间里，报上出现的"铁儿"、"铁"、"蝶儿"、"适庵"、"骍"、"冬心"等笔名其实都是胡适一个人。

胡适如此辛苦地工作，其中一个原因也是因为在这一时期，胡家的生意惨淡，经济状况变得很差，所以他必须自己赚取生活费和饭钱，还要从中抽出一部分钱寄回家里补贴家用。刚刚接手《竞业旬报》主编一职时，学会每月会支付他10块钱的工钱，并且免费为他提供住宿和伙食，然而没过多久，学会的收入日渐减少，胡适的工钱也就越来越少了。

过度的操劳令胡适又一次病了。主编身体状况不佳，加之报社经济拮据，人手又不足，最后，《竞业旬报》还是停刊了。胡适的小说也没有再继续写下去。在第四十期《竞业旬报》上，胡适以"铁儿"的笔名刊登了这样一篇《铁儿启事》："鄙人今年大病数十日，几濒于死。病后弱质，殊不胜繁剧，《竞业旬报》撰述之任现已谢去，后此一切，概非鄙人所与闻"。

多年以后，胡适对于自己少年时期写的那些文字早就记不全了，他想看看自己曾经写过的东西，于是请身边的朋友们帮忙搜集全份的《竞业旬报》。朋友们都很热心地帮他的忙，可找了好几年，最后还是没能搜集全，这件事便成了胡适一个小小的遗憾。

任教新公学

在《竞业旬报》时写的那些文章，到后来，胡适已无法记起全部的内容，但他还能记得自己当初曾以一种"卫道"的口吻在《无鬼丛话》中写道："《王制》有之：'托于鬼神时日卜筮以乱众者，诛。'吾独怪夫数千年来之掌治权者，之以济世明道自欺者，乃懵然不之注意，或世诬民之学说得以大行，遂举我神州民族投诸极黑暗之世界！嗟夫，吾昔谓'数千年来仅得许多脓疱皇帝，混帐圣贤'，吾岂好骂人哉？吾其好骂人哉？"

胡适还曾发表过一些有关教育的文章如《敬告中国的女子》（续二）《姚烈士传》《论家庭教育》等。在这些文章中，他指出国家的落后主要是因为教育的落后，只有努力发展教育事业，才能让国家变得强大。他还提出，应该开办女子学堂，让女子读书，因为女子以后要做母亲，而母亲的文化程度对子女的教育有着重要意义。他说："投资本而得利，未有若教育之厚者也。"

胡适的爱国主义思想此时已完全建立起来，所以他也将自己的这种思想写入了他的文章中。他在《爱国》一文中向人们反问："我们的祖国保护我，教育我，我们倒可以忘记了他吗？倒可以不爱他吗？所以我第一句话就说，国是人人都要爱的，爱国是人人本分的事"。他指责当时有太多的人数典忘祖，糟蹋了他们的祖先，希望国人能快些起来救国。对于清政府的腐败无能，他也进行了批判。

除此之外，胡适也对一些封建思想和制度进行了批评，反对包办婚姻，反对不近人情的承继。由于《竞业旬报》所刊登的内容都是宣扬新思想，且是用白话文所作，对当时的社会也产生了很大的影响。

1908 年 9 月，中国公学中爆发了一次学潮，引发学潮的原因是公学的体制发生了变化，由共和制改为了董事制。胡适刚入中国公学时，学校是一个提倡民主共和的学校，校里的大部分人既是学生，也是教员，同时又是学校的创办者。学校的职员都是大家共同选举出来的，校内一切事务都由学生做主，章程也由学生们共同商定。

学校的组织分为"执行"和"评议"两部，执行部的职员包括教务干事、庶务干事和斋务干事，这些人都是学生，并且都是由评议部经过讨论，最终选举出来的人。执行部的每位干事都有一定的任期，期满之前需要受到评议部的监督，若是他们做得不好，不对，评议部便可以将他们弹劾，然后另选他人。

评议部的人也都是学生。他们中大部分人都是每个班的班长和每个寝室的室长，在学生当中有着一定的号召力和威信，并且头脑清晰，口齿伶俐。评议部的人经常开会讨论事情，胡适刚入学时因为年纪太小，不够参加他们的评议会，于是便在他们开会时站在门外听他们都说些什么。胡适在澄衷学堂读书时，学校中也有类似的组织，叫自治会。如今听了评议会成员们激烈的辩论，胡适不由得感叹，澄衷学堂的自治会简直就是儿戏。

中国公学成立的初衷便是要建立一共和民主的学校，校园中的所有人都是平等的，没有明确的职员与学生之分，一切需要决策和讨论的事情都交给评议部。然而这种愿望在当时过于理想化，学校成立还不到 9 个月，一些发起这一提议的留日学生就离开了学校，而像胡适这样通过考试进入中国公学的学生反而增加了许多。

新入学的学生不曾留过洋，也没有接触过太多关于民主共和的理念，很多事情都不懂得如何实施，想要继续以民主共和的原则办学校变得越发困难，加之办学资金需要向清政府申请，而清政府又一直对共和制度抱有怀疑，不愿给他们拨款，最后，公学的办事人做了一个决定，将学校章程从民主共和制度改为董事会制度，学生不再是学校的主人，学校的规章制度也不再由学生自已制定。在新的章程中，评议部被取消，改由董事会对公学的干事进行选举和监督。

第一年，中国公学请了许多名人担任公学的董事，张謇、熊希龄等知名学者都在其列。第一年担任监督一职的是著名书法家郑孝胥，第二年，郑孝胥辞职，接替他的是近代江西派词人夏敬观。由于这两位都属于文人墨客，平日很少来学校，并没有真的实施监督之责，学生们对此事也就没有很激烈的反应。真正激起他们强烈反对的，是经学校聘用的教务长、庶务长和斋务长未经他们同意便更改了校章一事。

学校聘用的教务长、庶务长和斋务长原本也和其他学生一样，享有同样的权利，负有同样的义务，制度更改之后，他们的身份和地位便开始与其他学生不同起来。在学生们的眼中，他们无权私自修改校章制度，于是他们自发成立了校友会，与3名干事就修改校章一事进行了长达数月的交涉，终于使干事们同意了"校章应由全体学生修改"的主张。

干事们的妥协让学生们看到了希望，于是他们立刻开始修正各种草案，制定了一本新的校章。然而，当他们满怀希望将新校章递交给干事们后，干事们却说什么也不肯承认这本新校章。学生与干事双方又开始了长期的交涉，令学生们没想到的是，就在1908年的校友会报告上，监督突然发出布告，称学生没有权力制定校章，严禁学生再以校友会的名义举行类似会议，并对学生代表朱经和朱绂华给予了退学处分。

校方的这一行为彻底惹恼了学生们，布告发出的第二天，全体学生签名罢课，并在操场上开大会。学生们的抗争没有换来校方的退让，而是换来了罗君毅等 7 人的开除处分。学生们更加气愤，决定以更激烈的方式与校方对抗到底。他们不接受校方董事的调解，也不害怕学校施加给他们的压力。最后，他们决定退学，另创新校，就像中国公学刚刚创办时那样。

学潮闹得正凶之时，胡适因为时常请病假，入学时间又短，算不上主要参与者。他在学潮中所做的，只是为大会做记录和写宣言之类的事情，但即便如此，他也被学校列入了劝退名单中。

退学后，胡适跟着其他同学一起搬到了位于爱而近路庆祥里的新校舍。大多数学生的家境都很一般，没办法一下子就拿出很多钱，有些学生虽然家中比较富裕，可办学的事得不到家里的支持，他们也就没有办法拿出太多钱来。为了能将学校办起来，学生们纷纷当掉或者变卖自己的东西，有些学生连身上的绸衣都当了。

就在他们退学之后还不到 10 天的时间里，一所名为"中国新公学"的学校成立了。朱经、李琴鹤和罗君毅被推举为新公学的干事。至于教员方面，虽然一些旧教员愿意到新公学任教，可由于经费不足，能请到的教员人数还是太少，无法承担起一百六七十名学生的教学工作。在教员极其缺乏的情况下，教务干事李琴鹤找到胡适，问他愿不愿意做低年级的英文教员，每星期教 30 点钟的课，月薪 80 元。

胡适明白，这些年里，全靠二哥将胡家分得的一点小店业逐渐做大，胡家才过上了一段相对安定的生活。可是如今，胡家的店业出现了亏空，而且生意越来越不好，胡家的经济情况也每况愈下，想要养家，他就必须有一份薪水相当的工作。在《竞业旬报》做主编，一个月只有10元钱，虽然可以吃住在报社，省下食宿费，可想要以这点钱来养家糊口却是不够的，更不要说继续求学了。

相比之下，中国公学的薪水要高得多，虽然李琴鹤告诉胡适，自家的同学做教员，薪水是不能全领的，总是要欠着一部分。可一想母亲还要靠自己赚钱来养家，胡适最终接下了这份工作。

就这样，胡适一边继续为《竞业旬报》做主编，一边开始了他的教学生涯。对于一名十七八岁的少年来说，每天备课、讲课、批改作文卷子是件很辛苦的事。更何况他还身兼着《竞业旬报》主编一职，又要撰稿，又要做编辑，生活越发得忙碌了，但胡适从未抱怨过一句，反而感到了充实。

有句话说得好，作为老师，想给学生一杯水，自己先要有一桶水。为了教好学生，胡适更加刻苦地学习英文，被他教过的学生中，有一些竟然在后来成了有名的人物，这让胡适感到自己的辛苦确实没有白费。他说，可惜那些学生后来都不是专习英国文学，不然，他可真"抖"了。

去美国求学

《竞业旬报》停刊后，胡适便住进了新公学。因为无力支付房捐和巡捕捐，新公学时常受到收房捐和巡捕捐的人的欺负，同学们为了坚持下去，纷纷拿出自己的生活费，凑到一起借给学校用。为了坚持，学生们都非常发奋地学习，成绩也一直都不错。

从内地来到上海的学生们听闻了两个公学的事情后，都对新公学更多一些好感，所以不断有新学生加入新公学。还有很多学生宁可在新公学附近租房间补习，等待招考，也不肯去旧公学报名。在这样的情况下，新公学的创办者更加担忧学校的经费无法支撑这么多新学生。同时，中国公学也在担忧事态继续这样发展下去，中国公学会招不到新学生。

最后，两所学校经过协商，决定并校。并校的条件是，旧公学需要接受新公学中所有愿意回去的学生，必须承认新公学的功课成绩，并且负责清偿新公学的全部欠款。

新公学解散后，胡适并没有回旧公学的打算，而是想在上海找些其他的事做。可具体做什么，他的心里还没想好。怀揣着新公学发给他的两三百元欠薪，胡适搬进了一位德国朋友隔壁的房子里。后来，他在华童公学找了份教员的工作，负责教小学生国文。

胡适的这位德国朋友叫何德梅，父亲是德国人，母亲是中国人。何德梅曾在新公学做过教员，他很聪明，广东话、上海话、官话都说得很好，又非常喜欢中国人的东西，所以很容易就与新公学的年轻人们成了朋友。近朱者赤，近墨者黑。何德梅是一个非常贪玩的人，胡适年纪尚小，内心又刚好处于迷茫期，与何德梅在一起的时间久了，便开始跟着他变得贪玩起来。

胡适说自己"那几个月之中真是在昏天黑地里胡混"。一天晚上，喝得大醉的胡适独自雇了辆人力车回家。他一上车便睡了过去，等他再睁开眼时，他惊讶地发现自己竟然睡在巡捕房里。看守他的巡捕告诉他，他前一天晚上打伤了一名巡捕，所以他们将他关在了这里。胡适缓了缓神，发现自己的旧皮袍上全都是泥。他感觉自己的脸有点疼，用手一摸，才发现脸上有破皮的疤痕。

后来，胡适被叫了出去。从一位满身污泥的巡捕口中，他大概了解到了自己前一夜对那个人做了什么。一一回答了巡捕的审问后，胡适被告知还得上堂问一问，大概要罚几块钱。胡适向巡捕要他的东西，巡捕递给他一只皮鞋，一条腰带，却没有给他之前穿的马褂。

虽然完全记不得夜里发生过的事，但胡适大概猜到了一些，他知道自己应该是遇到了贪心的车夫，偷了他的钱，又剥了他的马褂。想到这里，他突然有些后怕，自己当时不但没有丝毫反抗的能力，就连意识都完全不清醒，若当时遇到的是残暴的匪徒，自己怕是早就没命了。

回到住的地方，看着自己狼狈的模样和身上的伤痕，回想自己这段日子以来的表现，胡适突然感到非常对不起自己的母亲，心里懊悔极了。当天，胡适向华童公学递交了辞呈。一方面，他觉得自己有辱学校的名誉，另一方面，此时的胡适突然想通了一件事，自己不要再继续教书，而是要继续求学。

1901 年，清政府被迫与八国联军签订了丧权辱国的《辛丑条约》，条约中规定，清政府应"赔款"给八国联军本息共计约

9.82 亿两白银。1908 年 7 月 11 日，美国政府在伊利诺伊大学校长爱德蒙·詹姆士和美国传教士明恩溥的再三建议下，同意将美国所得"庚子赔款"的半数退还给中国，作为资助留美学生之用。并于同年 10 月 28 日草拟了派遣留美学生规程。1909 年，美国开始退款，于是清政府有了第一批留美官费生。

胡适从华童公学辞职时，刚好是第二批留美官费生招生的时候。胡适在中国公学读书时有一位室友叫许怡荪，此人是他的同乡，和他交情较好。许怡荪极力劝胡适参加考试，胡适心里也有这个打算，但同时他心里还有一些顾虑，这些顾虑主要来自于经济上：他要为母亲筹生活费，要还一点小债，还要筹两个月的费用和北上的旅费。这些钱加在一起不是个小数目，胡适有些担心自己没办法一边专心复习，一边赚到足够的钱。

许怡荪主动提出会帮胡适想办法，并且真的为胡适筹到了一些钱。此外，胡适一位朋友的父亲和他的一位族叔祖也在资金方面给予了他支持。解决了资金困扰后，胡适开始闭门温书。随后，他跟着二哥北上，在二哥的好友杨景苏先生的指点下专心备考。

胡适是一个很有韧性的人，也是一个很坚决的人，一旦定了目标，就会毫不松懈地向着目标努力。在北京的日子里，他每天都在读书，除了读书，没有任何事能够吸引他的注意力。为了节省开销，胡适住进了杨先生为他安排的正在建设中的女子师范学校的校舍里，按照杨先生的指点，先读《十三流经疏》，再读汉儒的经学。

留学考试要先考国文和英文，考生及格之后才有资格参加接下来的科学考试。考试当天，胡适担心考不上会被熟人笑，于是没有用他在学校里的学名，而是第一次用了胡适这个名字。

国文的考题是"不以规矩不能成方圆说"，胡适一时异想天开，在文中乱谈了一通考据，以此说明规比矩出现得要晚。答完试卷，胡适内心有些忐忑，没想到成绩出来之后，他的这篇杂论竟然得了 100 分。之后的英文考试，胡适的成绩不算高，只有 60 分。但因为国文和英文算在同一场考试里，所以他头场的平均分是 80 分，排在了第十名。第二场考试的内容包括各种西洋科学。这些科学胡适之前都没有专门学过，只是在考试前特意去学了些，所以考的分数也不高。

第二场考试取前 70 名送去留洋，胡适排在第 55 名，虽然不高，但总归是入选了。杨先生很高兴，借了些路费，送胡适去上海找节甫族叔祖。节甫族叔祖得知这一消息后，也非常高兴，告诉胡适出去后不要太担心家里，好好读书，家里有他照应，他会在每年必要的时候替胡适寄些钱到家中。

胡适一直说，若是没有身边的这些好心人，他既不可能北上，也不可能有机会出国。他不知道在国外有什么样的世界在等着他，但他已下定决心，一定要珍惜这个千载难逢的机会，努力学习。

按照第一批留美官费生的出国流程，学生通过考试后会先在国内学习一年半载，然后再由清政府统一送到国外。可这一次流程却变了，考试通过的学生只有很短的时间来准备，之后就要立刻被送往国外。

　　胡适筹到了经费，简单地交代了一下身边事，便匆匆地跟着其他的学生们一起离开了。对胡适而言，没能在出国前回家探望一下母亲是他一生中最大的遗憾。

受西方文化影响

择所爱而学

1910 年 8 月，胡适随同其他 69 名通过考试的学生一起，登上了去美国的轮船。他的包中没有装太多东西，只装了 1300 卷线装书。

与胡适一同赴美留学的还有赵元任、竺可桢、周仁、胡明复等人。在当时，这些心性单纯的学生们只是一心向学，他们从未料想得到，他们会在学习的过程中渐渐被西方的文化和思想所熏陶，他们更未料想得到，当他们再次踏上故土之后，竟然能够为国家带来巨大的改变。

由于年龄相仿，不出几天，大家便熟悉了。此时的胡适早已不是当年那个只知道安静读书的"糜先生"，他已经变得开朗热情，活泼好玩，喜欢与其他人接触。在当时，船上的娱乐项目非常少，留学生们最常玩的就是各种纸牌。胡适跟着他们学了几次，便很快掌握了多种纸牌的玩法，和大家玩到一起去了。

据赵元任回忆，当时的胡适是位看起来很瘦弱，其实精力十足的青年。胡适在船上很喜欢与人交谈，讲起话来滔滔不绝。遇到意见相投的人，胡适会聊得特别起劲，若是有人提出不同的意见，胡适便会激烈地与人辩论，言语之中满是自信，令人听了很受鼓舞。

因为健谈，胡适很快成了这一批留学生中的名人，并且交到了一些朋友，其中一名，便是胡明复。胡明复原名孔孙，后改名为达，字明复，他是中国第一位在国外获得数学博士学位的人。

胡明复在参加庚款留学生考试时用的名字是"胡达"，"达"字与"适"字结构相同，笔画相似，以至于胡适曾在发榜之日将其名字看成自己的。那一夜，胡适提着马灯来到史家胡同，在微弱的灯光中寻找自己的名字，误把"胡达"看成"胡适"，正想高兴，再一细看，却发现原来是自己看错了，心里不由得又一沉，急忙继续寻找。直到在距离"胡达"不远处找到了自己的名字后，胡适才舒了一口气，心想不知那个叫胡达的是谁，差点害他空欢喜一场。

胡适和胡明复的缘分就是从放榜之日开始的。上了船后，胡适终于见到了胡明复其人，然而那时两人之间的交谈却并不多，因为胡明复从来不和其他人一起玩纸牌，而是只喜欢和赵元仁、周仁，以及他的哥哥胡敦复在一起讨论算学方面的问题。胡适曾偶尔听到过他们4人之间的谈话，发现他们所谈的内容或是他听不懂的，或是他没有兴趣的，所以没有加入他们的讨论中。

在去美国途中，胡适虽然与胡明复没有深入的接触，但他却发自内心地尊敬胡明复等人。在他眼中，胡明复他们几人已算得上是年轻的学者了。后来，两人一同进入康奈尔大学，胡适入农学院，胡明复入文理学院，彼此间不时有联系。又过了一年，胡适从农学院转入文理学院，两人成为同班同学，关系也更加密切起来。

船在海上漂了 10 多天，终于在美国旧金山的港口靠了岸。胡适等人下了船，又换乘了火车，最后到达了纽约南部的绮色佳城。在绮色佳城的东山上，有他们即将学习和生活的地方——美国康奈尔大学。

美国康奈尔大学是一所历史悠久的研究型综合大学，成立于 1865 年。该校的立校之本是任何人都有获得教育的平等权利，无论男或女，贵族或平民，都可以在这里接受到同样的教育。

每逢佳节倍思亲。入学当日正值中秋，胡适在给近仁叔的信中写道："七月十二日去国，八月七日抵美国境，中秋日抵绮色佳城。计日三十三昼夜，计程三万余里，适当地球之半。此间晨兴之时，正吾祖国人士酣眠之候；此间之夜，祖国方日出耳。乘风之志于今始遂，但不识神山采药效果如何，又不知丁令归来，能不兴城郭人民之叹否？"

胡适最初选择的是美国康奈尔大学的农学专业。若按他自己的意思，文科专业才是他心之所向，可是 1905 年到 1910 年期间，中国的矿企业资本迅速发展，胡适的二哥认为胡适学了工科后，一回国就能找到好工作，于是在他临行前嘱咐过他，一定要选工矿或者造铁路，不要学文。

二哥在胡家的地位相当于一家之长，胡适对二哥一向尊重，可是他也没办法就这样强迫自己去学一点兴趣都没有的专业，思量再三，他决定去学农科，毕竟康奈尔大学是一所以农工科著名的大学，选择农科，既不算完全违背二哥的意愿，学的内容又不至于太枯燥。

在当时，学习农科最大的好处就是不收学费。虽然胡适此次是官费留学，每个月清政府都会汇给他80元的学费，但身在异乡，需要花钱的地方还有很多，更何况胡适出国前还欠下了不少的债，选一门不需要学费的学科，不但经济压力能得以减轻，他还可以将一部分学费寄回家作为家用。

胡适对自己的这个决定感到很满意，可是他没有想到的是，农科其实是门很艰苦的学科。作为农科的学生，去农场实习是家常便饭，可是胡适从小只知念书，从来没有做过农活，加上他的身体又比较弱，所以每一项实习内容对他而言都是新鲜而辛苦的事。

胡适最先学到的农场技能是洗马，之后是套马。由于他一点农活都不会干，所以老师只能从最基础、最简单的技能开始教起，并且每一项老师都会先做个示范，然后才让胡适依样去做。洗马和套马的过程让胡适感到挺有趣，然而接下来的选种就不那么轻松，胡适才做了一会儿，手上便起了疱，钻心地疼。

农学院要求学生除英文外还要掌握法文和德文，胡适在国内时英文已经不错，但法文和德文却从未接触过，一时间要同时学习两门陌生的语言，对于任何人来说都不是件容易的事，胡适却没有丝毫犯难。他十分投入地学习着法文和德文，竟然在短期内有了很大的提高，令人刮目相看。也正是因为有了这样的契机，胡适有机会接触到了很多国外著名文学家和诗人的作品，并对这些作品产生了强烈的兴趣。

胡适虽然在农科的基础不如其他人，但他聪明，学习认真，又肯吃苦，所以一年下来成绩都不错。但是第二年，他还是换了专业，选了自己真正喜爱的文科。

据胡适自己说，促使他换专业的直接原因是一次关于苹果分类的实践课，当他意识到即使最后自己通过加倍努力，能够分清苹果的种类，可是国内并没有这些品种的苹果，一旦回到祖国，他所学的这些知识就完全没有用武之地时，他毅然决定放弃农科。

归根结底，胡适放弃农学的主要原因是他的心思一直在文学上。胡适曾在回顾那段时间的时候这样说："我认为学农实在是违背了我个人的兴趣。勉强去学，对我说来实在是浪费，甚至愚蠢。"

在决定学农科之时，胡适便将随身带来的线装书都赠给了同行的同学们。然而他并没有真的对文科失去兴趣，学习农科之余，他总会抽出一些时间阅读文科方面的书籍，语言文学的书和中国古书都有涉及。此外，自从学会了法文和德文后，他不但开始大量阅读外文书籍，还对一些外文作品进行了翻译。

胡适决定转系时是农学二年的第一学期。想要转系，必须等到1911年的9月才可以进行注册，在此之前，他只得继续选修农学课程。胡适在这学期选了"地质学一"、"化学B"、"植物生理学七"及"果树学一"四门课程。他本想同时选修"经济学一"，然而当时学校的规定是："经济学第一课宣言农院二年生不许习此课"，于是胡适的"经济学一"只上了几天便被迫退选。

胡适也曾计划在正式转入文学院之前多学一些英文课，如"演说"、"英诗"及"英文散文"。然而此学期的课业格外繁重，每日都有试验课，而且"上午受课稍多，竟不暇给"，胡适心有余而力不足，最后不得不做了决定，辍读演说及英文诗二课，而留英文散文一课。

日记中之事

读书的习惯是胡适自小养成的，虽然此次留学所选的专业是农学，但他仍然没有放弃这个习惯，也没有放弃对文学的热爱。

有一日，胡适收到了由哈佛大学第二任校长爱略特主编的丛书《哈佛丛书》，该套书长约5尺，故也叫《五尺丛书》。这是一套收集了数篇古今名著，涵盖10余种学科，象征着多国的文明成果的丛书。胡适得到此书后，非常满意。当日，他写下一首诗："永夜寒如故，朝来岁已更。层冰埋大道，积雪压孤城。往事潮心上，奇书照眼明。可怜逢令节，辛苦尚争名。"此书胡适花了3个月读完，收获颇多。

胡适对西方的各种著作都颇有兴趣，并且每每读过，都有自己独特的见解。读到美国独立檄文时，他觉得"一字一句皆扪之有棱，且处处为民请命，义正词严，真千古至文"。后读《罗密欧与朱丽叶》，又觉得此书情节不佳，但好词好句颇多，认为此书与《西厢》类似，都是"徒以文传者"。3月下旬，胡适常担心国内情况，日日所思，夜夜失眠。

胡适对培根的著作不是很欣赏，认为"培根有学而无行，小人也"。在他看来，培根与中国古代战国那些纵横家之流相似，只是挟权任数。至于培根的《建筑》和《花园》两文，也不过是为了向英国国王进土木之策，态度逢迎，殊可嗤鄙。在对培根的作文进行评论时，胡适颇有苛词。相比于培根的《友谊论》，胡适更喜欢爱默生的《论友谊》。

除了大量阅读西方书籍，胡适也时常用闲暇时间阅读《左传》《诗经》《说文》《荀子》《水浒》等古籍。他将《水浒》比作故人，称此书真是佳文。他也不时创作一些文学作品，赠友人诗作等。当得知好友程乐亭身故后，他为其作了《哭乐亭诗》与《程乐亭小传》。

在康奈尔大学的第一个冬季，胡适过得很忙碌，每日除了上课，便是忙于各种考试。此间，他对国内的情况也十分关注，见美国的报纸连日刊登了中国与俄国将有边衅的消息后，他便格外关注此事结果，结果一日出门买报纸时，不小心在冰上滑倒，手受了伤，所幸没有伤到筋骨，于是他继续写字，作家书，夜读德文。

只有一段时间，胡适没有坚持读书，那是他刚到康奈尔不久的时候，由于突患眼疾，医生给他敷了药水，故两日不得读书。第三日，他去医院复诊，医生告诉他，他的右眼无碍，只是因为左眼近视很严重，所以右眼一直在负担两只眼睛的工作，如果不配眼镜，可能致盲。胡适想起他少时常患眼疾，而且每次都是左眼情况较重，应是因此导致的左眼近视，于是当日配了一副眼镜。

在一次威尔逊教授的课上，胡适听到了他关于气象学的言论。威尔逊教授见台下有胡适和王预两名中国学生，便说，世界气象学上之所以还有许多未解决的问题，主要是因为中国的气象学不发达，如今看到台下有中国学生，他心里感到很高兴，希望两位日后可以在气象学上多努力。胡适听过这段言论后，很受鼓舞，并特意在日记中写下"无忘威尔逊教授之讲演！"以此激励自己努力学习。

初到美国的日子里，胡适时常思念祖国，思念家乡，曾在日记中多次写下"思故国不已"之类的句子。他也不时会向家中写信，告知自己的情况。但是在写给母亲的信中，他多是报喜而不报忧的，为的是不让母亲担心他。

夏日的绮色佳十分炎热，尤其到了夜里，更是热得令人难以安眠。胡适和同学们将窗子大开，然而还是没有一丝风吹进来。炎热的天气和思乡之情促使胡适作了一篇《孟夏》。在诗中，胡适用前半首描写了当地的景色，后半首表达了自己对故乡的眷恋。他写道："信美非吾土，我思王仲宣……还顾念旧乡，桑麻遍郊原……旧燕早归来，喃喃语清晨。念兹亦何为？令我心烦冤。

安得双仙凫，飞飞返故园。"

1910 年至 1920 年期间，在几乎所有美国的学生会章程上都有这样一条明文规定——各种会议的议事程序都要以"罗氏议事规程"为准则。当时，胡适曾同时为"中国学生会"和康乃尔大学"世界学生会"的干事，并在两个学生会的会章中都见过这一规定。

在一次世界会议的午餐时间，胡适听到有人说，昨天晚上演讲的菲律宾学生说菲律宾应该独立自主。当会上的人说到这一点时，台下有人嗤之以鼻，一个美国人对胡适说，就算美国让菲律宾自主，日本也会把菲律宾据为己有的。胡适听完，想哭而无法回答，只能点点头。他在心中感叹，亡国的人哪有发言权啊！如果它想要继续存在，就只有努力去做而已啊。

秋季，胡适被选为赔款学生会中文书记。此前，胡适已是爱国会主笔之一，如今又添一职，胡适心想，"恐遂无宁日矣"。

胡适在留学期间有着记日记的习惯，上述内容皆在他的留学日记中有所记载。他的日记中还记载了许多有关康奈尔学习生活的事宜，他对一些事情的看法和感慨，以及他的一些小作，只是后人在研究他的日记时，或是因为看到的内容不完全，于是断章取义，对他产生了一些误会。

刚到康奈尔大学后，因为刚学会打牌不久，胡适对此事颇有兴致，但只是将此事作为忙碌生活中的消遣，并未因此耽误学业，更不像网上流传的沉迷于其中，每日都只有打牌。在日记中，胡适也确实提到过"与金涛君相戒不复打牌"的事情。而后，在胡适很长一段时间的日记中，也确实没有再看到与打牌有关的字句。

时光如梭，一年转眼即逝。到达美国第二年的夏天，胡适住进了康奈尔大学新建的世界学生会宿舍，有机会与世界各地的留学生们相识，了解不同国家的风俗习惯。

崇尚新和平

1911 年 10 月 10 日，武昌起义爆发。美国的报纸上也刊登了相关的新闻，胡适读过之后，越发关心国内的局势，更担心远在武汉的家人和朋友。次年春，清政府被推翻，国内形势彻底发生变化，与此同时，美国的形势也发生了一些变化。

1912 年至 1913 年间是美国进行总统大选的时间，全国都变得非常热闹。胡适对这些也产生了兴趣，于是进入文学院后，他选了美国政府和政党有关的专题课进行学习。

负责教授这一专题课的是一位名叫山姆的教授，此人重视实践教学，要求全班的学生每人都要订阅《纽约时报》《纽约论坛报》和《纽约晚报》，三份报纸分别支持不同的竞选者，学生们必须每天阅读所有报纸内容，并且写下摘要和读报报告。

为了让学生们更好地了解美国大选的过程，培养他们对政治的兴趣，山姆教授让学生们各自支持一位竞选者，并为这位竞选者做出实际行动。胡适选择的是进步党领袖老罗斯福。

美国大选的投票日定在选举年 11 月，在此之前，参选者需要经过多轮选拔，先在各自的党内选举中脱颖而出，然后便是长达数月的拉票时间。按照教授的要求，胡适必须不断奔走于绮色佳地区的每一个政治集会，参与他们的活动，同时还要将其他州中出现的违法乱纪现象整理出来，进行比较，每天都忙得不可开交。

在一次集会中，胡适见识到一场激烈的辩论，辩论双方分别是康奈尔大学的教授克雷敦和法学院的院长亥斯。这场辩论对胡适产生了很大的影响，在此之前，他从未想象得到学校的教授竟然可以直接参与到政治辩论中。第一次经历这样的场合，胡适完全被这样的场面震惊了。

另一件让胡适感叹的事，是两位辩论者虽然在集会中各不相让，各为其主，但两人就事论事，公私分明。私下里，两人的私人感情没有因为这一场辩论而受到丝毫影响。

1912 年 9 月，胡适几经辗转，终于在文学院注册，成为一名真正的文学院学生，修哲学、经济、文学。回到文科的领域中，胡适心里感到无比的畅快。刚入文学院不久，夜学生会选举新职员，有人推举胡适为书记，胡适推辞了。

在美国生活了一段时间后，胡适首先发现美国人对中国风俗存在一些误解，就连已出版的由美国人所著的相关书籍中也有不少错误的地方。于是他打算自己编写一本相关书籍，书名就叫《中国社会风俗真诠》，以此纠正外国人对中国拜祭祖先、家庭制度、婚姻、妇女地位等风俗制度的误解。

后来，胡适在保尔·S.莱因斯所作《远东的思想与政治趋向》一书中读到一篇有关中国 20 年学术思想变迁大势的文章，他认为此文条理清晰，记录准确，在美国人所著同类作品中算得上佳作，只是人名年月上稍有讹误，于是一一挑出更正，并寄给了作者。

11月5日，美国选举日，胡适站在人群中，真切地感受到了美国选举的热闹和选民们的热情。集市上挤满了人，两家报馆用电光影灯射光粉墙上，以报告选举结果。每报告出一选举结果，选民们就会发出一声如雷鸣般的欢呼。直至夜深，仍有人群没有散去。第二日，结果公布，威尔逊当选。此次选举的场景在胡适心中留下了深刻的印象，也对他的潜意识产生了影响。

康奈尔大学前校长白博士80岁寿辰当日，胡适与全校学生一起参加了为白博士庆生的活动。那一天，天空中下着雨，然而参加庆祝的所有师生都没有走开。白博士在廊下进行了15分钟的演说，听得所有人都精神振奋，胡适也受到了感染，白博士的演说结束时，他激动得流下了眼泪。

当夜，胡适突然产生了成立"政治研究会"的念头，为的是让中国留学生们有一个可以研究讨论世界政治的场合。四天后，胡适将自己的想法说与其他中国留学生听，大部分人表示赞成。最后，胡明复、尤怀皋等共10人参加了这一研究会。

11月16日，"政治研究会"召开第一次会议。此次会议上，胡适等人决定"每二星期会一次，每会讨论一题，每题须二会员轮次预备演说一篇，所余时间为讨论之用。每会轮会员一人为主席。会期为星期六日下午二时。"此次会议上，他们确定了第一次议会的会题为《美国议会》。

不久后，胡适的两位好友任鸿隽和杨宏甫来到了美国读大学。得知他们二人也将在康奈尔大学进修，胡适十分欣喜。久别重逢，当夜，他与两位好友畅聊之后，感慨万千。

又过了不久，胡适突然决定不再在日记中记录流水账或没有意义的内容。他决定，以后日记中记载的，只得包括五方面的内容："一、凡关于吾一生行实者。二、论事之文。三、记事之有重要关系者。四、记游历所见。五、论学之文。"

12 月 21 日，"政治研究会"举行了第二次会议，会题为"租税"，演讲者为胡明复和尤怀皋。从二人详细的演讲中可以听出，他们为了此次演讲，确实花费了不少时间和精力，这令胡适深感欣慰。

当时美国各大学皆有世界大同会，后来这些大同会结合为大同总会，每个学校的大同会皆为支会。总会每年都会举办一次年会，由支会选举两名代表参加。1912 年的年会地点定在费城，胡适得知此地在美国历史上有着重要意义，于是也打算过去看一看。

年会的日期定在 12 月 27 日，然而就在年会前一天，选定的两名代表中有一人突然生病，无法出席。经商议后，胡适被选为临时代表，出席此次年会。于是胡适与另一名代表连夜起程，前往费城。

会议从 1912 年 12 月末一直持续到 1913 年 1 月。胡适在此次会议上就"世界观念"一题进行了发言。早在读《希腊史》时，胡适便曾由此书而联想至罗马的衰亡，并认为罗马之所以会衰亡，是因为罗马人有天下思想而无国家观念，清政府的衰亡也是因为这一原因。他赞成邓耐生在诗中所写到的"彼爱其祖国最挚者，乃真世界公民也"。在他看来："世界主义者，爱国主义而柔之以人道主义者也。"

1913 年 5 月，胡适被选为世界学生会会长。

一日与人谈及"道德学课论道德观念之变迁"这一话题，胡适对此看法是："古代所谓是者，今有为吾人所不屑道者矣。古人所谓卫道而攻异端，诛杀异己，如欧洲中古教宗（Church）焚戮邪说，以为卫道所应为也，今人决不为此矣……不特时代变迁，道德亦异也……是故道德者，亦循天演公理而演进者也。"

胡适打了个比方，他说比如说人们都知道杀人是错的，但若是为了复仇而杀人，有些人就会认为他是对的。"复仇者以复仇为是，许复仇者以许复仇之故遂嘉杀人，然在被杀者则必不以复仇者之杀之为是也，其被杀者之妻子友朋，亦必不以复仇者为是也。"

当时，胡适的观点是："道德不易者也。而人之知识不齐，吾人但求知识之进，而道德观念亦与之俱进，是故教育为重也。"然而几年后，他又对此观点加了批注，认为"此说亦有可取之处。然吾今日所持，已与此稍异矣。"

10 月 8 日，胡适第一次以会议主席的身份出席了康奈尔世界学生会的议事会，此时方觉议院法之不易。他认为自己虽然研究过此道，"然终不如实地练习之有效，此一夜之阅历，胜读议院法三月矣。"

同一天，他读了有"博学铁匠"之称的巴立特的事迹和其所著书，称其为"怪才"。此人幼年家境贫困，只上过6个月的学，之后一直以锻工为生，然而因为其苦读不辍，30岁时已可读十五国文字。三十岁之后，此人又开始从事演说并写书，"持世界和平主义甚力，南北美黑奴问题之起，君主放奴赎奴之说，传檄遍中国"。胡适认为，"其人慷慨好义，行善若渴，固不特以语学名也。"

在国外读书期间，胡适也阅读过大量杂志，然而一直以来，他读杂志的方式是只浏览大意，不详读细节。一日，他在《外观报》中读到了论爱尔兰奥斯特省反抗与英分离之事。读过之后，他竟然能对此问题的始末了解得十之八九。于是他认为，美国的杂志太多，不能尽读，如果每天都读一篇，了解其大概意思，要比整本翻阅后随手放在一边更有收获，更比读小说要好得多。此时再想到自己一直以来的做法，他感到自己真是失计。

美国之见闻

胡适一直以来都是一个乐观的人，他自己也承认："余年来以为今日急务为一种乐观之哲学，以希望为主脑，以为但有一息之尚存，则终有一毫希望在，若一瞑不视，则真无望矣。"

在康奈尔大学期间，胡适延续了他乐观的天性，给朋友写信时，也时常劝朋友要乐观一些。他说，"自信去国数年所得，惟此一大观念足齿数耳。"有一年冬天，美国遭受了数十余年来都不曾有过的寒潮，风雪交加。胡适不但没有苦恼，反而有心情作诗记录此景，并在诗的结尾以"明朝日出寒云开，风雪于我何有哉！待看冬尽春归来！"这样的诗句表达了自己的乐观主义。

有一次，胡适在他的朋友任鸿隽处看到一封书信，这封书信是任鸿隽的一位朋友所写，信中一字一句尽透着绝望，称"先死后死，时日之异耳"，又说"安知死之不乐于生耶！"胡适感受到此人定是处于极度绝望之中，否则不会发出"知我如此不如无生"的感叹。可是他并不赞成此人的生活态度，他从不认为处于困境时，自杀是有效的办法，若是真的如此做了，只是令国家损失一名有用之才，于实事则并无裨补。

当时美国有一报名为《生命》，其宣言为"生命所在，希望存焉"。胡适借用此报的宣言，将其转为"希望所在，生命存焉"。他说，当人没有绝望时，才会感到生命的可贵，一旦绝望，就算活着又有什么用呢？如果一个人连活着都不想，那天下的什么事都做不到了。

在康奈尔的日子里，胡适很少与女性接触，但有一日，他却主动拜访了胡彬夏女士。1907年，胡彬夏成为我国首批官费留学美国的女性，来到美国进行学习。她提倡"振兴女学，恢复女权"，曾于1903年与林宗素、曹汝锦等人发起成立"共爱会"，并每月召开例会，就妇女教育和妇女权益的问题进行讨论。胡适见到她时，她已完成了学业，正准备回国。

胡适对胡彬夏评价极高，称其"聪慧和蔼，读书多所涉猎，议论甚有见地，为新女界不可多得之人物"。胡彬夏对胡适说，生活中唯一的奢望就是能得一良友，对此胡适深有同感。他认为，破除男女限界的最好结果，就是男女之间能够存在高洁的友谊。

在与胡彬夏的交谈中，胡适曾提及当时的年轻人没有思想能力，此乃国之大患。胡彬夏赞成他的观点，但同时也指出，此时的留学生们年龄尚小，思维能力还没有成熟起来，所以思想难免浅鄙，无须责怪。听完胡彬夏此番言论，胡适不由得感叹，"此论殊忠厚，可补吾失，不观乎美国之大学生乎？其真能思想者能有几人耶？"

当夜，胡适又与一俄国学生交谈。听说此人初到美国时贫无可学，而后从纽约一路步行至绮色佳，一边打工，一边求学，胡适心中十分敬佩。然而此学生告诉胡适，这并没有什么，对于他而言，求学的渴望就和饿时寻找食物，渴时去寻找水喝一样平常。这位学生还告诉胡适，在俄国，没有读过本国大文豪作品的人，大学不予以录取，因为他们认为热爱文学的人必然才会爱国。胡适听过之后，认为"此言甚可念"。

1913 年秋天，纽约省长色尔叟被弹劾。在当时，美国为了防止政党运动选举无节制地用款而设立了特定的法律：凡候选人或办理政党选举之干事，在选举完结后 20 日内必须将收到的选举捐款实数，及本期选举所花费的实数上报给选举监督，并附有收支明细。色尔叟被弹劾的理由是他所上报的明细中漏报了若干巨款款项，并且私用所收选举款项作为其他用途。

古训有云："盗固不易，而跖非诛盗之人。"色尔叟的结局是他罪有应得，可弹劾他的人事实上只是群小人，并没有弹劾他的权力。胡适将一切早已看清，他知道，纽约省有一个势力庞大的小人组织，就连纽约省的行政官都只是其傀儡，色尔叟本是这一组织中的一员，然而他为了在竞选中得民心，反过头来攻击此组织，遭到组织的记恨，所以才落得最后被弹劾的下场。

胡适赞成对色尔叟的行为进行处罚，但他不赞成匪徒打着惩恶扬善的名义去击杀强盗。他说："凡服官行政之人，必先求内行无丝毫苟且，然后可以服人，可以锄奸去暴，否则一举动皆为人所牵掣，终其生不能有所为矣，可不戒哉！"

又到假期，胡适先邀请任鸿隽和杨杏佛一起到他住的地方煮茶夜话，后又邀请了几位好友一起对联猜谜，目的是担心在国外留学久了，荒废了国学，所以特意设了这些游戏为消忧之计，总好过"博弈无所用心者之为"。

胡适身在异乡，却时时关心国家大事小情。他说国家此时最急需的，不在新奇之学说，高深之哲理，而在所以求论事观物经国之术。他认为，"归纳的理论"、"历史的眼光"和"进化的观念"是对国家最有帮助的东西。同时他也深感自己近日读书涉猎的内容太多而不精，认为自己"泛滥无方而无所专注，所得皆皮毛也，可以入世而不足以用世，可以欺人而无以益人，可以自欺而非所以自修也"，并决定"后此宜痛改之"。

得知袁世凯自称"夙夜兢兢，以守道饬俗为念"，又颁布了"所有衍圣公暨祀贤哲后裔膺受前代荣典，均仍其旧。惟尊圣典礼重，应由主管部详稽故事，博考成书，广征意见，分别厘定，呈候布行"的命令后。胡适表示了不屑，在日记中称其"此种命令真可笑，所谓非驴非马也。"

1914 年 1 月 24 日，教育部发电，饬查湘省外国留学生名数费额，迅即电复等因。回文中提及："……留日学生四百九十六名……年共需日币二十一万四千二百七十二元。选送西洋留学生：美六十五名……共需洋十五万九千八百四十元。二共需洋三十七万四千一百一十二元……"胡适得知此消息后心中十分疑惑，因为他很敏锐地发现回文中"上为日币，下为美金，而总数乃混合计之"。

回顾自己在康奈尔大学期间所关心的问题时，胡适对自己感到一些不满意，因为他发现自己主要关注的问题有三点，分别是泰西之考据学、致用哲学和天赋人权说之沿革，而自己对这三点的了解都只是皮毛，太过肤浅。对于自己这些年的言行，胡适则比较满意。他觉得自己多年来，无论演说或是与人讨论学问，都遵守了寝室墙上那条英文格言的主张。

自大二起，胡适寝室的墙上便贴了一张英文格言，其中文大意为"如果不敢高声言之，则不如闭口勿言。"这张字条是胡适偶然在一本书中得到的，他不知道此句出自谁之口，却觉得此言有理，觉得"不敢高声言之者，以其无真知灼见也"，于是将字条贴在了寝室的墙上，并以此规范自己的演说论学。在大学期间，他一直尽力以此为准则，虽然有时做不到，但从未有过妄言，更从未有过大言不惭的时候。

在许多人都认为西方女性地位高于东方女性时，胡适却提出了不同看法。他说，其实中国的女子地位高于西方女子，因为中国的女子不需要为了选择结婚对象而在社会交际中讨好男性。可是西方的女子则不同，她们长成之后便以求偶为主要任务，会在父母的安排下学习音乐和舞蹈，以便与男子周旋，能取悦男子或能"以术驱男子入其彀中"的女子能够优先得到配偶。所以，"堕女子之人格，驱之使自献其身以钓男子之欢心者，西方婚姻自由之罪也。"

在康奈尔大学的日子里，胡适对美国的政治颇有兴趣，每有闲暇时间，就会去国会旁听。

绮色佳召开"公民议会"时，胡适应邀前往旁听。此次会议上，有两件事令胡适感到有趣：一件是一位市民控告政府不清理路上的冰导致他滑倒受伤，要求政府赔偿1万元医药费；另一件是一所大学中的一个学生兄弟会自称是慈善事业，不肯缴纳房税，与市政府僵持数年之后，终于在这次"公民议会"中得到解决，最后法庭判定该兄弟会确是慈善事业，不需要缴税。

胡适从政府律师报告中得知，此会所由一富人出资所建，外观壮丽，内部各种设备一应俱全。此富人还出资设立了一个特殊的兄弟会，其目的在于选出一些有志向学，又能刻苦自食其力一年以上的学生，将他们送到预备学校，学习入大学的课程。能入大学者，每人每年可得奖学金千金，并可入富人出资建立的会所中。上述案例中的会所便是这些会所中的一个。

此兄弟会在许多知名大学中都有分会，可入其会的成员必须成绩优异，如果没有表现，便没资格成为兄弟会的会员，并且没有奖学金。会员毕业之后可以自由选择工作，无论从事何种工作，总会都不会向他们索取回报。胡适对此事大加赞赏，认为这样的慈善事业，确实应该免收其税。

告别康奈尔

在康奈尔大学期间，胡适听过许多议会。但在他看来，任何一次议会都没有他在 1914 年 2 月 4 日听到的那种议会长知识，也不如那种议会切实有味。在那次议会的最后，他听到了一场关于救火会之事的辩论，并称此次辩论："是夜最可玩味之辩论。"

绮色佳市当时共有 9 所救火会，都是由市民义务组成的。每会自成一党，一边为本会争荣誉，一边视其他会为敌。救火会的成员没有薪水，为了采购救火器等必需品，会员们到处奔走以谋钱款，不同救火会之间还时常因为争公款而发生激烈争执。在处理第一会与第七会的争款纠纷时，市长最后采取的办法是重行组织，将所有救火会统于一司。

胡适听着他们关于如何分配公款的议论，觉得甚是有趣。他认为市民能够踊跃做公事，此行可敬，然而"事权不统一之害"和"朋党私见之弊"却能让一件极好的事几乎成为社会的诟病，又实在可畏。

在康奈尔大学期间，胡适的一位朋友想要学习汉文，请胡适做他的老师。胡适在教他时，先给他看汉字，然后在汉字下方标注相应的古篆，以教他独体字为起点。而后，胡适先从字的形象入手，再教由两个独体字组成的字，之后才教由一个独体字加一符号组成的字。

胡适将这一过程当成一次国文教授法的试验，他想，如果能够用这种方式教会他的朋友汉文，待到他回国之后，就可以用同样的方式去教国内的初学者们。这样，看似只做了一件事，却能同时达到识义和寻源的效果。

转学文学之后，胡适不再拥有免付学费的待遇，为了养家，他开始为一家报纸写文赚稿费。然而后来，他却放弃了这份兼职，一是因为太忙，二是因为这家报社与他在理念上不相符，他不愿再为其作文。这之后，每收到家书，胡适都感到十分焦灼。1914 年 3 月，他做了两个决定，其一是借款寄回家中再按月还款，其二是向大学申请助学金。虽然他并不想这样做，可因为家里的原因，他又不得不这样做。

一个月后，胡适成功申请到了助学金，同时被任命为康奈尔大学学生会哲学群学部部长。又过了一个月，胡适的一篇文章在大学征文比赛中获奖，得到了 50 美金的奖励。50 美金对于他贫困的生活来说并不能解决太大问题，但他还是很高兴，因为他得奖一事被多家报纸争相刊登，为中国学生争得了荣誉，也算得上是"执笔报国"之一端也。

自美国和墨西哥交衅以来，绮色佳的一家杂志上便登出一句名言，其大意为"我国可能永远是对的，但是无论对错，都是我的国家"，意在提醒人们只论国界，不论是非。这句话刊登出来后，数天内都没有人反驳。直到有一天，世界学生会的成员们谈到此事，意见不一，胡适听了他们的辩论后，便写了一篇对于此事看法的文章。

胡适认为"无论对错，都是我的国家"这种观点是谬见，说明此国有两个道德标准，对自己国家一个道德标准，对其他国家另设一个标准。他指出，无论国内国外，都应只有一个道德标准，否则便没有办法争论此事。

那年夏天，胡适卸下了世界学生会会长一职。他正感到庆幸时，一个新成立的国际政治学会又想请他当会长，他连忙推辞。

在国外生活多年，胡适对国外的风俗习惯也有了不少了解。他在国外见到许多五六十岁仍自食其力的人，他们明明有子女赡养，却不依赖子女，父母尚且如此，其他的亲戚则更不会依赖孩子。他非常欣赏外国人的这种生活方式，认为"盖西方人自立之心，故不欲因人热耳。"再看国内，则是全然不同的情况。

在当时的中国，仍流传着子萌父荫的习俗，即父亲因功而得了封赏后，儿子也能与父亲一同享受到封赏，或可在父亲去世后继承父亲的荣耀和财富。这种习俗也被称为"世袭制"。此外，还有一种是"家族的个人主义"，这种家族制的存在具有极大的害处，容易养成国人的依赖性，令父母视子女为养老存款，过于依赖子女；同时也令子女视父母的遗产为固有，过于依赖父母的遗产，或依赖家中其他兄弟姐妹，认为自己不用负担太多责任。

胡适在国内时也曾接触过这样的家庭，他觉得这种习俗弊端很多。虽然国内和西方都有个人主义，只不过国内的个人主义以家庭为单位，西方的个人主义以个人为单位。所以西方的个人主义能培养出独立的人格，培养出人们的自助能力，而国内的"家族的个人主义"，只能培养出"私利于外，依赖于内"的人。

胡适还说，这种依赖在家族其他成员中也存在着，比如"一族一党，三亲六戚，无不相倚依"，一个家庭地位得到了提升，孩子出了名，其他亲戚便会立刻围上来，"如蚁之附骨"，并且"不以为耻而以为当然"。他认为，这种表现是一种奴性，并且是"亡国之根"。

由于父亲过世得早，兄长们也各自成家，家中与他同住的多是妇人，所以胡适儿时的性格中时常有些女子般的羞怯，这情况直到入澄衷学堂之后才有所好转。入康奈尔大学之后，胡适的思想和性格又发生了转变。

此前，胡适所念书的地方只有男子，而美国的大学却是允许男女同校。胡适起初因受旧式思想教育所束，只敢与中年妇女接触，临近毕业，他突然意识到自己近年来越发世故冷血，"而无高尚纯洁之思想，亦无灵敏之感情"，"但有机警之才，而无温和之气"，于是决定在最后这段日子里"与有教育之女子交际，得其陶冶之益"以减少他自身的"孤冷之性"。

胡适一向非常敬重他的母亲，因为他自小由母亲抚养长大，深知母亲的辛苦。他说，母亲一人撑起一个家庭所经历的艰难困苦是笔墨难以描述得尽的，所以他视母亲为妇人中之豪杰。他也承认，自己自小与其他孩子不同便是受到了母亲的影响。

在美国学习生活的日子里，胡适常常想念家中的母亲。他离家求学已有 10 余年，其间只回过一次家，而且只停留了 3 个月。对他而言，没能在出国之前回去看望母亲让他这 4 年一直耿耿于怀。特别是一想到母亲只有自己一个亲人，而自己却将她独自留在家中 10 年之久，他就心生不忍。母亲每次去信都嘱咐他努力学习，不要分心，于是胡适只将这份心情记在了日记里，不对家人言。

虽然早在前一年夏季便已完成了学业，但康奈尔大学规定学生必须学满八学期方可毕业，于是胡适又等了半年左右，直到1914 年 2 月才得到学位。同年 6 月，胡适参加了毕业仪式，正式从康奈尔大学毕业。

毕业后，胡适在美国的数位同学倡议成立"科学社"，发刊一名为《科学》的月报，"提倡科学，鼓吹实业，审定名词，传播知识"。胡适认为，在美国留学界最大的弊端就是一直没有中文杂志，所以留学生们没办法将他们学到的传递给国人，《科学》的诞生恰好修复了这一弊端。

毕业后，胡适的生活越发困窘，但他仍改不了自小养成的藏书习惯，只要看到好书，总是不忍离去，即使借钱也要买下。一次，他路过一家旧书店，见到两本世界名著，都是已出版 30 余年的旧书，并且上面还有旧主人的题字，然而他还是欣喜地以低价将书买回，并将此事记在日记里，称"记之以志吾沧桑之慨"，且"记之以自嘲"。

一日，胡适与陕西的张亦农闲谈了读音的差别。谈话中，胡适突然想到他们这一辈人小时候说话都有各自的乡音，长大后虽然入学堂读书，却也只重视书的内容，而不重视字的读音。如今，他们都知道这样不好，却还是因为习惯了乡音，不易改变，于是他认为，规范发音是当今的首要任务。

有一次，胡适在《外观报》上读到一篇论兴趣重要性的文章，十分欣喜。他说，拿破仑喜欢布兵打仗，就算在看戏的时候，心里想的也是如何调兵遣将的事情；莫扎特3岁起学习音乐，在一次与朋友玩台球时口中不时哼着曲调，台球结束时，他也创作出了《魔笛》一曲的第一节。所以他认为，父母应在子女年幼时多留意子女的兴趣所在，多加培养，并在子女择业时依照子女的兴趣帮他们做选择。"否则削足适履，不惟无成，且为世界社会失一有用之才，兹可惜也。"

萌生新思想

胡适毕业后虽没有马上工作，生活却是十分忙碌而充实的。1914年7月18日，胡适发起一读书会，其成员除他自己之外只有4人，分别是任鸿隽、梅光迪、张耘和郭荫棠。胡适规定所有会员每周至少要读一部英文文学书，每周末相聚讨论一次。

7月22日晚，世界学生会开夏季欢迎会，胡适应邀担任会上的主要演说者。22日当夜，胡适发表了长达两小时的演说，演题为《大同主义》，得到了《绮色佳晚报》的称赞。演说结束时已是深夜11点，然而胡适为准备第二夜的演说，整夜阅读参考书，直到第二天凌晨才睡。第二天早上8点，胡适起床后又读了两小时书，最终将当夜的演题定为《在美国生活的移民》。

几天后，胡适就英国国教大师拨特劳主教关于"吾邻"之界说写下了一篇日记。他说，如果早一些以拨特劳的"吾邻"之界说采取措施，此时全世界都已是邻居，世界大同之日也不会太远了。

有一日，胡适遇到桑普森教授，与其提及他曾经对"我国可能永远是对的，但是无论对错，都是我的国家"一句的理解和感触。桑普森教授听过之后告诉胡适，他的理解有误，此言本意并非"但论国界，不辨是非"，而是"父母之邦，虽有不义，不忍终弃"。桑普森教授还给胡适举了一个例子，胡适听过之后，深表认同。认为自己之前只是"攻其狭义而没其广义"，幸好有老师为他匡正了这一失误。

胡适记日记的习惯已有很久，但一向不曾注重标点符号的使用。一日，他决定从即日起，作文所用的所有句读符号都按照规范使用，并列举了八条释例，分别是：标示人名的符号，标示地名、国名的符号，标示书名的符号，标示引言的符号，标示双引的符号，句读符号，标示外国音译词或人名的符号，以及标示注用的符号。此后，胡适对文学的态度越发严谨。

《英国皇家亚洲学报》上曾刊登了一篇由美国当时著名汉学家翟林奈所做的文章，此文名为《敦煌录译释》，是对《敦煌录》一文的翻译。《敦煌录》中有不少附会荒诞之谈，而且字迹非常难以辨认。胡适读过《敦煌录译释》一文，发现此译文中有许多错误，他认为此人不清楚其意便去翻译，自然漏洞百出，于是他将翟林奈文中的错误一一挑出并更正，寄给了该学报。

7月28日，第一次世界大战爆发。到8月5日时，整个欧洲都已沦为战场，胡适称其为"自有生民以来所未有之大战祸"。对于此次战争的结果，胡适认为，"欧洲均势之局必然大变","欧人将憬然于攻守同盟之害","和平之说必占优胜","欧陆民党必占优胜","此役或竟波及亚洲,当其冲者,波斯与吾中国耳"。

一次,胡适应邀去一位朋友家吃饭,见其一家共享天伦,于是颇为羡慕,也颇有感触。在国内时,胡适生活于一个大家庭中,家庭成员之间不时会有些争执。在美国,他发现这里的家庭与国内恰好相反,美国家庭的构成非常简单,孩子结婚后就会远离父母,再也不过问父母生活,而不像国内,儿子结婚后要带着妻子与父母同住,以侍奉父母。

然而在这位朋友家中,胡适看到了一个既不同于中国家庭,又不同于大多数美国家庭的家庭,这家的子女婚后虽离开了家,却居住在离父母不远的地方,并且时时带着孩子回家看望父母,所以一家人才能过得如此幸福。

胡适说:"夫妇之间,尚以相敬为难为美;一家之中,父母之于子,舅姑之于妇,及姑嫂妯娌之间,皆宜'相敬如宾'为尚,明矣。家人与妇子同居一家,'敬'字最难;不敬,则口角是非生焉矣。"他认为国内习俗的弊端在于姑妇妯娌之间不能相安无事地共处,同时与父母之间相互依赖,国外习俗的弊端在于过度疏远父母。

胡适想,若是都能像他这位朋友家一样,孩子结婚后与父母相互保持独立,同时又不断了往来,慰藉父母思儿之情,照顾生病的父母,家庭中既不易生出龃龉之事,亲子之间也不会变得过分生疏。

巴黎和会后，德国政府将胶州租借地全境交给了日本政府。胡适从报上得知此事后，虽然他也明白日本侵略者的野心十分强大，可出于他对政治的一向乐观，他还是希望日本能够权衡利弊，将青岛还给中国。他说，"吾所见如此，此吾政治上之乐观也，吾何恤人之笑吾痴妄也？"

9月，胡适被选为次年《学生英文月报》（以下简称《月报》）主笔，负责国内新闻。胡适本计划次年不参加外事，但接到《月报》总主笔的邀请后，他仔细考虑了一番，觉得《月报》关系重大，而且他可以借此实习英文，于是同意了邀请。之后，胡适与美国好友金君相约游览波士顿。一日结束游览后，胡适再一次与其谈论起自己对家族制度的看法。

孟子曰："不孝有三，无后为大。"胡适却说："余主张两事：一曰无后，一曰遗产不传子孙。"胡适说，他所指的"无后"并非指不生育子女，而是希望人们不要把子孙满堂看得过于重要，也不要因为没有子孙就担心。家族制度导致国人盼子心切，进而早婚，并以多添子嗣为一夫多妻的正当理由。同时，国人因担心无后，并且以"防老"为目的去"养儿"，所以将子孙看得非常重要，并且重男轻女。这些都是家族制度的弊端。

至于为何主张遗产不传子孙，胡适的理由是，财产应凭劳动所得，富人的子孙不曾为这些财产付出过，所以无权享受这些财产。而且他认为，财产会成为青年人的负累。他见过太多青年人因继承了祖先的遗产而失去斗志，终身废弃者也。

在波士顿游览期间，一位哈佛的学生与胡适谈了很久。该学生认为当时的中国不知自由平等有诸多好处，可以救国。胡适则认为，其主要问题不是没有自由平等一说，而是国内的人们不知道这几个字真正的意义。胡适说，此时的自由平等已与18世纪不同，"今之所谓自由者，一人之自由，以他人之自由为界；但不侵越此界，则个人得随所欲为。"然而这种自由很多时候也是无法实现的。"人虽有智愚能不能，而其为人则一也，故处法律之下则平等。"

秋季，胡适又一位好友辞世。此人名为亥叟，乐善好施，急公好义。亥叟病逝前，一黑人女学生因在学校中遭遇了种族歧视，被迫移出所在的宿舍，于是向亥叟求助。亥叟当时已病重，得知此事后气得几近气绝。胡适当时恰好也在场，见状，于是自告奋勇写信给该校日报以表抗议。最后在校长的出面协调下，黑人女学生得以返回原有寝室，白人女学生们也没有继续闹下去。

胡适有一天见到之前的一位好友墨茨博士。墨茨博士是位理想家，胡适与其交谈后，不由大喜。他认为此时天下大患，正是因为缺少像墨茨博士这样的理想家。

此年圣诞夜后的演说中，胡适以《在岔道上》为题，"今日世界文明之基础所以不牢者，以其础石非人道也，乃兽道也。今日世界如道行之人至歧路之口，不知向左向右，而又不能不抉择：将循旧径而行兽首乎？抑将改途易辙而行人道也？世界如此，吾辈之世界会亦复如是，吾辈将前进耶？抑退缩耶？"

1915年1月，日本帝国主义要求中国接受"二十一条"，企图以此对中国进行多方面的控制，进而使中国成为其殖民地。身在美国的留学生们得知此事后非常愤怒,有些人甚至喊出了"对日作战! 必要的话就战至亡国灭种"的口号。对此,胡适持不同意见,他并非不反对日本帝国主义的要求,但同时他也不赞成留学生们过于激动,失去理智。

在信中,胡适希望同学们可以正视事实,知道"我们至多只有 12 万部队可以称为'训练有素',但是装备则甚为窳劣。我们压根儿没有海军。我们最大的兵船只是一艘排水不过 4300 吨的第三级巡洋舰……"他说:"最后的真正解决之道应另有法门——它较吾人所想像者当更深奥。但其解决之道究竟在何处,我个人亦无从深索;我只是知道其不在该处罢了。让我们再为它深思熟虑,从长计议罢!"

胡适的这封信使他遭受到许多人的指责和攻击,并屡被斥为卖国贼。但他仍然坚持一直以来信奉的"老子"的道理,相信"天下莫柔弱于水,而攻坚强者,莫之能胜"!

哥大学哲学

1915 年 2 月,胡适给自己订了新计划。他认为自己任重而道远,必须有强健的身体,不挠不屈的精神,以及博大高深的学问。

在写给胡平的信中,胡适提到,想救国,需要"执事者各司其事"。而在他看来,此时留学生们最重要的任务就是学习。在劝告同学们的信中,胡适这样写道:"我们都感情冲动,神经紧张——不是的,简直是发了'爱国癫'! 弟兄们,在这种紧要的关头，冲动是毫无用处的。"在他看来，留学生们距离祖国太过遥远，当务之急是保持冷静，不惊、不慌，尽好各自的本分和责任，努力学习，充实自己，为祖国力争上游。

胡适说："今日大患，在于学子不肯深思远虑，平日一无所预备。及外患之来，始惊扰无措，或发急电，或作长函，或痛哭而陈词，或慷慨而自杀，徒乱心绪，何补实际？"又说："吾辈远去祖国，爱莫能助，当以镇静处之，庶不失大国国民风度耳。"

胡适建议当时国内的百姓可以进行道义上的抗拒，以抵制日货为抗拒方式。他说，"上策为积极的进行，人人努力为将来计，为百世计，所谓求三年之艾者是也。必不得已而求目前抗拒之策，则抵制日货是已。"

胡适在《标准邮报》和晚报上读到了美国人格里菲思博士提出的"让日本掌握中国之命运，这是解决日中两国间争端的最明智的选择"的观点后，当即写信给《每日新闻》，指出格里菲思博士此观点的错误所在。他说，格里菲思博士不明白，中国早已不是几十年前的中国，此时的中国民族意识正在觉醒，国民日趋团结，反日的情绪已十分高涨，定不会长期容忍日本掌握中国的命运。

胡适说，日本不要想凭武力统治中国，因为无论过去或是现在，他们的所作所为只是在中国人心中播下仇恨的种子，也是在持人道主义之各国的眼中自降身价。他认为，日本企图控制中国的行为无疑会引火烧身，反日的仇恨之火已经燃遍了神州大地，他希望日本能有一些有识的政治家看到这一点。

1915 年夏，胡适参加了由一群美国东部的中国留学生创办的"文学科学研究部"。其间，他曾就"如何可使我国文言易于教授"这一论题写了一篇论文，而促使他写出这样一篇论文的根本原因，是一位叫钟文鳌的人提出了应当废除汉字，改用拼音字母为文字的主张。

胡适并不反对字母拼音，也承认白话是活文字，古文是死文字。但当时他还没有预料到白话可以完全代替文言，所以仍坚持只要改良文言的教授方法，使文言变得容易教授即可，并提出了四条古文教授方法——注重讲解古书，主张字源学，讲求文法和注重标点符号的应用。翻看他在此段时期的日记，也能看到许多相关的内容。

在与一群好友讨论中国文学问题的过程中，胡适发现梅光迪的思想过于守旧，绝不承认中国古文是半死或全死的文字。梅光迪越是反驳胡适等人的新观点，胡适就变得越激烈，最后在一首诗中，胡适提出了"文学革命"这个词。后来，胡适去了纽约，梅光迪去了康桥，各自忙于学业，这场争论也暂时停息了。

同年夏天，胡适与一朋友谈起事业。他说自己一直以来都以为祖国正是用人之际，自己必须成为一名博学之人，回国之后才可做他人导师，于是在求学过程中"求博而不求精"，"其失在于肤浅"。如今，他认识到自己的精力有限，无法"万知而万能"后，于是他决定，从此以后专心学习哲学，中西兼治。

8 月 21 日，胡适决定去哥伦比亚大学留学一年。9 月 20 日，胡适离开绮色佳，前往位于纽约市曼哈顿区的哥伦比亚大学，主修哲学。

正式进入哥伦比亚大学前，胡适读过不少杜威的著作，并对其提出的实验主义颇有兴趣。他会就读哥伦比亚大学的哲学院，其主要原因也是因为杜威是此院的哲学部长。

胡适非常认同杜威提出的"哲学就是广义的教育学说"这一观点。他说，这话初听了很奇怪，但是只要仔细想一想，就会发现古往今来的哲学家都是教育家，每个人都有一种教育学说，并且每一种教育学说都是以哲学为根据的。在《杜威的教育哲学》一文中，胡适以中国古代的《三字经》为例，指出开篇的"人之初"一句中表达的便是孔子的教育哲学，而后的一些内容中又兼有程子和朱子的教育哲学。

胡适渐渐意识到，学问之道有两面，其一是博，其二是精，两者缺一不可。他说："务精者每失之隘，务博者每失之浅，其失一也。余失之浅者也。不可不以高深矫正之。"

在所有留美学生中，胡适最欣赏赵元任，此人于康奈尔大学毕业后，又入哈佛学哲学，同时精通物理和算数，闲暇时还学习语学、音乐，且皆有所成就。胡适认为，赵元任"深思好学，心细密而行笃实，和蔼可亲。以学以行，两无其俦，他日所成，未可限量也"。

虽然胡适在哥伦比亚大学选择的是哲学，然而他的日记中并未记录太多与哲学学习有关的内容。反而大篇幅地出现他对国事的意见，以及对文学革命的意见。

1916年初，胡适就当时的国事发表了意见，认为想要处理国事的坏败，必须打定主意，从根本下手。中国古代谚语中有一句话叫"死马作活马医"，意思是说虽然明知事情已无可救药，却还不肯死心，要做最后的尝试。胡适却提出了"活马作死马医"的主张，认为："活马虽然有一息之尚存，不如斩钉截铁，认作已死，然后敢拔本清源，然后忍痛斩草除根。若以其尚活也，而不忍痛治之，则姑息苟安，终于必死矶已矣。"

曾有人指责胡适"好立异以为高"。胡适认为立异者有两种：一种是不苟同于流俗，不随波逐流，不人云亦云，不惧于强势而改变是非观的立异者；还有一种则是为了使自己看起来不苟同于流俗，不随波逐流而刻意有高奇之行，遇到大事却又颓废懦弱的人。对于前者，他虽羡慕，却知自己尚未达到他们的水平。至于后者，他认为自己并不属于其中。

面对国内的情形，胡适认为，应当采取教育救国。他说："……适以为今日造因之道，首在树人；树人之道，端赖教育。故适近来别无奢望，但求归国后能以一张苦口，一支秃笔，从事于社会教育，以为百年树人之计：如是而已。"

胡适说，希望能以教育民众为主，为下一代打一个扎实的基础。他知道这一过程会十分缓慢，也知道人是最没耐心的，但他还是强调，这是唯一必需的过程，"它既是革命之必需，又是人类进化之必需"。

同年春天，胡适与梅光迪就文学展开的争论又一次开始了。胡适认为"要须作诗如作文"，梅光迪则认为"诗文截然两途"。在这次辩论中，胡适认识到中国文学问题在于"有文而无质"，并得出了"死文学不能产生活文学"的结论。

起初，梅光迪并不赞成他的观点，任鸿隽知道他们二人的争论后，也站在梅光迪一边。胡适认为任、梅二人都不明白"文字形式"往往可以束缚文学的本质，他对文学进行了深入的研究后，终于明白中国文学史上几番革命都是文学工具的革命，也终于认识到中国俗话文学才是中国的正统文学，代表了中国文学革命自然发展的趋势。

胡适将自己的新领悟写信告诉梅光迪，没想到梅光迪这一次竟然赞成他的观点。他十分高兴，将自己的见解以长篇日记的形式写了出来。

关注文学形式的同时，胡适也关注文学的内容。他说，此时国内的文学有三大弊病，一是无病呻吟，二是模仿古人，三是言之无物。后来，此三条弊病与他曾与梅光迪通信时提到的文学应讲文法，应不避"文的文学"两条主张，皆成了他所提出的文学改良八件事中的内容。另外三条关于形式方面的主张分别是不用典，不用陈套语和不讲对仗。

对于胡适来讲，白话是他一人所要办的实地试验，有与他观点相同，愿意与他一起努力的，他非常欢迎，但他不会强行拉别人到他的实验室中去，同时他也希望别人不必定捣毁他的实验室。

投身于文学革命

受聘于北大

1916 年夏，胡适与任鸿隽之间发生了一场笔战，其原因是任鸿隽在一首诗中用了"言櫂轻楫，以涤烦疴"和"猜谜赌胜，载笑载言"之类的句子。

当时，胡适已去了哥伦比亚大学，而任鸿隽仍在康奈尔大学读书。一次，任鸿隽与几位康奈尔的朋友去游湖，途中突然起了暴风雨，于是他们不得不提前结束行程。虽然所有人都及时回到了岸上，但大家的衣服都被风雨打湿了。

任鸿隽将这件事写成了一首四言古诗，与信一同寄给了胡适。胡适读过之后，回信说他认为任鸿隽的诗作得不好，在"猜谜赌胜，载笑载言"一句中，前半句用了活字，后半句用了死字，极为不相称。所以诗是有毛病的。

任鸿隽对胡适的批评并没有什么激烈的反应，只是以书信反驳胡适，但他们的一位朋友梅光迪得知此事后，情绪却非常激动。

梅光迪对胡适所写的内容感到非常气愤，立刻写信大骂胡适"乃以暴易暴耳"，并为任鸿隽抱不平。在信的最后，梅光迪还指责胡适，想要进行文学革命，必须谨慎，先将古文学好，再谈改革。

胡适开玩笑地写了一首白话游戏诗给梅光迪，结果又遭到任、梅二人的强烈指责。暑期结束后，梅光迪回到了哈佛，却仍然没有终止与胡适的争吵。而后，他们其他的朋友得知了此事，也参与到这场争吵中来，纷纷指责此事错在胡适，并且不赞成胡适提倡白话文学。

关于"死文字"和"活文字"的争论持续了一年多。这次经历让胡适意识到，虽然任、梅二人与他一样赞成"文学革命"，但这二人对"文学革命"仍有误解，即不承认白话文可以作诗。他们二人赞成的"文学革命"只是一种空荡荡的目的，没有具体的计划和途径。

任、梅二人总说文学革命应该有"其他方面"，应该走"大道"，可问他们所指的"大道"究竟是什么，他们却说不出。所以在胡适提出了具体方案后，他们虽然一直在表示不赞成，却也给不出其他的方案。

胡适将白话文的革命比作一场战争，在这场战争中，10 仗已胜了 8 仗，唯一还未取得胜利的，就是将白话应用于诗歌中。等到白话征服诗国时，白话文学就能算得上十足的胜利了。胡适明白，想要开创新文学，光有白话文是不够的，还要有新思想和新精神。但他也明白，所有创新都需要工具，白话就是最配做中国活文学的工具，只有先把这个工具抬高，代替那些半死的或全死的老工具，才有机会去谈新思想和新精神等。

经历了这件事之后，胡适决定再也不作文言的诗词。而后，他告别了当初一起讨论文学的朋友，决定不再和他们打笔墨官司，独自一人进行白话诗的实验。他会有这样的决定，一半因为已就此事与朋友们讨论了一年，一半是因为受到了他当时所学的实验主义哲学的影响。

渐渐地，胡适将自己的思想形成了一个系统，写了《文学改良刍议》一文，一份寄给了《留美学生季刊》，一份寄给了《新青年》。在这篇文章里，胡适没有明确提及"文学革命"一词，他说可能是因为受到在美国的朋友们的反对，胆子变小了，态度变谦虚了的缘故。

令胡适感到意外的是，《新青年》的主编陈独秀读过这篇文章后，完全赞成他的主张，并正式在国内举起了"文学革命"的旗帜。此外，北京大学的教授钱玄同先生也对他的主张表示赞成。于是，文学革命的运动不再只是个别留学生口中的话题，而成了国内文人学者讨论的内容。

1916年秋，胡适收到母亲来信，得知母亲近日来疾病缠身，"虽行未笃老，而情景已类风烛，春冬之时，困顿尤甚"。母亲说，她此时心中最惦记的是胡适的婚事，担心自己有生之年看不到胡适结婚的那一天，希望胡适能尽早回家，若是年内回不去，最晚不要超过次年春天。胡适担心母亲的身体，于是回复母亲如能在上学期完成考试，次年春天便回国。

在胡适眼中，国外的政治事业与家乡的无异，所以在美国期间，他每到一地，都会积极参与当地的政治社会事业，以及社会改良之事。在绮色佳时，他时常参与城中的和全国性质的各种选举活动，曾支持过进步党，也曾支持过女子参政，如今到了纽约，他又支持威尔逊连任。

胡适说，可能在许多人眼中，他这样的行为很稚气、很可笑，但他却因此感到自豪。他认为，自己住在哪里，哪里便是自己所属的社会，哪里的公益事业也就与他有关。他说，如果不把自己当成所在社会中的一员，就不能以其中人士的角度去观察和分析事情，只能知晓些皮毛。只有将自己视为社会中的一员，才能得到更亲切的结果，同时还能养成一种留心公益的习惯。

在当时，有一种关于"去无道而就有道"的观点。胡适对此观点的态度是："今之挟狭义的国家主义者，往往高谈爱国，而不知国之何以当爱；高谈民族主义，而不知民族主义究作何解（甚至有以仇视日本之故而遂爱袁世凯且赞成其帝政运动者）。故记吾所见于此，欲人知民族主义不能单独成立。若非种皆必当锄去，则中国今日当为满族立国，又当为蒙藏立国矣。"

一日，胡适去一位好友家中拜访，在该好友处看到自己于1915和1916两年间寄给其的大量书籍，感到十分亲切。他将这些书借回重温，心里不由有些感动。他说，从这些书中便能看到他这两年来思想感情的变迁。

早期，胡适比较倾向于消极的平和主义。随着在美国生活的时间越来越长，接触的事情也越来越多，他开始不再主张消极的平和主义，而是赞成国际的联合，以为平和之后援。他"不反对美国之加入，亦不反对中国之加入也"。然而对于那些"良心的非攻者"，胡适的态度则是"但有爱敬之心，初无鄙薄之意；但惜其不能从国际组合的一方面观此邦之加入战团耳。"

1917 年 5 月 22 日，胡适完成了自己的博士论文，并通过了哥伦比亚大学博士学位的最后考试，7 年留学生活就此结束。回国前，胡适先去绮色佳与当地的朋友告别，然后从绮色佳出发，经水牛城、尼加拉瀑布。在过加拿大界时，关吏称只认加拿大政府的命令，不认中国信领事证书，不许胡适离开。第二日早上，胡适分别给加拿大移民总监和纽约领事发了电报。最后，在纽约领事馆的帮助下，胡适得以进入加拿大境内。

7 月 10 日，胡适终于到达上海。自发表《文学改良刍议》一文后，胡适便深受陈独秀欣赏，两人也一直没有断了联系。得知陈独秀将于近日抵达上海，胡适自是要与其见上一面。于是在给母亲报平安的信中写道："今天上午十一时安抵上海。有二哥与节公及聪侄来迎。闻北大文科长陈独秀先生可于一二日内到上海，且俟他来一谈，再定何时归里。"

回家途中，胡适路过芜湖，并拜访了一位同乡，此人名为汪孟邹，曾于胡适留学美国期间帮胡适在一本名为《甲寅》的刊物上发表过文章。拜访汪孟邹期间，胡适收到了北京大学催促他早日报道的信函。

北京大学的前身是京师大学堂，1912 年更名为北京大学，由严复担任第一任校长。之后，北京大学的校长换了几任。胡适入校就职时，担任北京大学校长之人是知名教育家蔡元培。

蔡元培是在 1916 年底接任北大校长一职的。他在就职当日的演说中提出，学生进入大学应以求学为目的，同时提高自身素质和修养。这一主张与胡适的教育救国理念有着不谋而合之处。

北京大学对学生外语能力有严格的要求，即使预科的学生也必须看得懂外文原著，听得懂外语授课，所以非常欢迎有留学经验的老师。蔡元培接手北京大学后，最先邀请到的人是陈独秀，请其任北京大学文科学长。而陈独秀在挑选教授时，最先想到的就是胡适。胡适在美国主修哲学，并且文学和英文都非常优秀，加之他曾发表的那篇《文学改良刍议》也令他在北京大学中有了不小的名气，对于当时的北京大学而言，他是不可多得的人才。

早在美国时，陈独秀就曾写信邀请胡适去北京大学任教，他说："孑民先生盼足下早日回国，既不愿任学长，校中哲学、文学教授俱乏上选。"胡适本就有回国后从事教育事业之心，只是因为当时国内的情形一时无法北上，北京大学的邀请于他而言来得正是时候。

7 月 27 日，胡适终于回到家中，见到了久别的母亲。母子团聚，场面温馨。然而由于北京大学开学之日将至，胡适在家中并没有停留太久，只停留了大约一个月，便回到上海，又从上海前往北京。到达北京后，年仅 26 岁的胡适从蔡元培手中接过聘书，正式成为了北京大学的一名文科教授，主要负责讲授中国哲学、英文学和英文修辞学 3 门课程。

立业后成家

胡适刚入北大时，学生还未正式开学，于是学校将他安排在教员宿舍。在此居住期间，他和其他教员一起吃大锅饭，每餐都有两个菜，一碗汤，每月的饭钱却只需要 9 元，而且不需要支付住宿费。

第二个月起，胡适搬离了教员宿舍，与当时的北京大学编译委员高一涵一起在外租了一个小院。房租由两人平摊，每人 3 元。

对于此时的胡适而言，3 元钱只是一个小数目。他刚入职时，学校给他的工资是每月 260 银圆，在当时已算得上高薪。由于他教授的课业比较多，几个月后，学校给他涨了工资，变为每月 280 元。除了房租和日常开销，他每月都可剩下 230 元有余，足以养家。

自从 1915 年起，胡适想要学以报国的心思就已经产生，并且认识到建立一所国立大学的重要性。在胡适心中，中国如果既想保全已有的文明，又想建立新的文明，就必须要有一所国家的大学。他曾将自己的想法对他在康奈尔大学的英文老师亚丹提起过，亚丹十分赞同他的想法，认为报国之义务莫急于此矣。

早些年间，胡适曾说过："国无海军，不足耻也；国无陆军，不足耻也！国无大学，无公共藏书楼，无博物院，无美术馆，乃可耻耳。我国人其洗此耻哉！"又说："吾他日能生见中国有一国家的大学可比此邦之哈佛，英国之康桥、牛津，德之柏林，法之巴黎，吾死瞑目矣。"

回国前，胡适曾在诗中写下"今当重归来，为国效奔走"的诗句以表自己愿为国效力之心。1917 年 9 月 21 日，北京大学举行了开学典礼。胡适在此次典礼中进行了演讲，题目为《大学与中国高等学问之关系》。他指出，"提高"是此时北大整顿的重点。

相比于在国外的日子，北大任教的日子要安稳许多。胡适可以在教学之余进行学习研究和创作。第一个学期很快就过去了一半，胡适写信给国外的友人，告诉对方他正在教的课有中国哲学、英译欧洲文学名著、英诗和中国历史研究法，同时，他还在考虑筹组北大的历史研究所。

初入北大不久，得知教育部提出要修改大学章程。于是胡适积极参与其中，提出了废除分年制，改为选科制的提议。学校对他的提议比较重视，于是在召开修改大学章程的会议时，将胡适也邀请在其中。

会议定在寒假期间举行，然而胡适早已答应过母亲寒假回家结婚。他写信询问母亲是否可以在北京办婚礼，得到的答案是否定的。最终，胡适于 1917 年 12 月 30 日在家乡举行了婚礼。那一天，也正是他 26 岁的生日。

蔡元培、陈独秀、钱玄同等胡适在北京大学的同事得知他要结婚，联名送上一对银杯、两双银箸、一条桌毡、四条手帕，以表示对胡适新婚的祝贺。

关于婚礼的形式，胡适坚持要废弃所有旧习俗里不合理的规矩。婚礼当天，他穿的是西装礼服，头上戴了顶礼帽，脚上穿的是一双黑皮鞋。江冬秀穿的是花袄和花裙。婚礼上，胡适还发表了一通关于改革旧礼节的言论。

胡适没有依照母亲的希望去办一场传统的婚礼，但是婚礼结束后，他还是顺了母亲的愿，带着妻子去祠堂向祖先的牌位行了礼。10天后，胡适接到北京大学催他早些返校的通知，但他毕竟是新婚，所以他没有马上回校。

过了一个月，胡适启程前往北京。当时北京大学开学较早，所以胡适回到北京大学后不久，便开始上课。在这个学期，他仍然是文科教授。虽然此前因为陈独秀提出辞职，学校也有过想让胡适接替陈独秀文科学长的职位，但后来，陈独秀辞职一事取消，胡适的职位也就保持原样了。

新的学期开始了，胡适的工作更加忙碌。1918年，胡适被任命为英文部主任。职位的变动让他身上的担子更重了。当年夏天，北京大学招考，他没能回家探望母亲和妻子。

待到工作渐渐稳定，他开始考虑将江冬秀接到北京与他同住的事情。家乡毕竟是个封闭的小县城，大部分的人们思想还没有与时俱进，将各种旧式礼制看得特别重，对女子的教育也十分落后。胡适担心江冬秀继续留在家乡无法接受到新式教育，况且她的年龄已经不小了，若是一再错过时机，怕是再没有机会去学习了。

就在胡适考虑何时将江冬秀接到北京的日子里，他的住所被小偷光顾了。损失的东西不多，却有两样东西的丢失对胡适而言比较可惜，一样是家里特意给他做的马褂，另一样是剃须刀。这次失窃让胡适意识到自己住的地方太不安全，他希望将江冬秀接来后，两人可以过上平静安全的生活，于是他决定搬家。

胡适寻觅了一段时间，终于在南池子缎库后身胡同找到一间满意的房子，这里离北京大学很近，周围环境较好，相比之前的房子，房租贵了许多，需要25元一个月，但至少可以住得安心。

蔡元培接手北京大学校长后做出了一系列的改革，其一便是将课表提前贴在布告栏上，学生们可以随意选择自己喜欢的课去听，即使不是本校的学生，或是社会上的其他人员，只要看到自己有兴趣的课，都可以去听，若是所有学生都对某一科的教授感到不满，还可以集体上书罢免这位教授。这一改革让学生们感到新鲜，于是一些课程上总是挤满了人，另一些课程上却是冷冷清清。

胡适刚刚开始教哲学时，课堂情况属于后者。虽然他是当时最年轻的教授，而且讲课方式新颖，然而很多学生都不接受他的这种授课方式。另外，因为胡适的课脱离了传统的三皇五帝，也不讲殷商之事，只从西周开讲。一些习惯了传统教学的学生听了，认为胡适这是思想上的造反，没有资格做大学教授，想将胡适赶下台，于是胡适每讲一段话，下面不是哄堂大笑，就是起哄。

对于学生们的故意为难，胡适没有恼，也没有急，仍然面带微笑，慢条斯理地讲他自己的东西。然而，台下一位名叫顾颉刚的学生却有些着急了。顾颉刚是北京大学二年级的一名学生，他很喜欢胡适的课，可是看到其他同学的表现，他十分担忧胡适会被学生们上书罢免，于是，他找到了当时自己的室友傅斯年，请傅斯年帮忙劝劝其他学生。

在当时，傅斯年也是大学二年级的学生，但因为他自在北京大学预科读书期间就时常参加各种校内活动，而且博学多才，又擅长辩论，所以在学生中颇有影响力和号召力。

在顾颉刚的邀请下，傅斯年听了一堂胡适的课。他一进教室就发现虽然教室里满是学生，可是很明显，其中大部分学生都不是真正过来听课的，而是为了给胡适难堪的。同时，他也看到了台上淡定自如的胡适，心里不由得对这位年轻教授有些佩服。

胡适运用他灵活的头脑，将课程内容在头脑中理出清晰的思路，然后将自己的新见解有条不紊地讲给台下的学生听。他的授课方式新颖，容易让人产生兴趣，同时条理清晰，容易让人听得明白。而且他的衣着朴素，语言平实，并不像一些留过洋的人那样让人不舒服。一节课听完，傅斯年对胡适产生了由衷的敬意。

课后，傅斯年对其他学生表达了自己对胡适的肯定，学生们虽然不认可胡适，对傅斯年的话却是听的。于是他们收起了对胡适的成见，开始安心听课，不再与胡适作对。学生们态度的改变虽然也令胡适感到过诧异，但对于他而言，无论学生们如何待他，他都会将课好好地讲下去，所以他也没有去研究其中的原因。直到多年后，他才知道曾有一位叫傅斯年的学生帮过自己。

学生们放下了成见，再去听课，才发现胡适的课其实能让他们有很大收获。于是，学生们越来越喜欢上胡适的课，慕名来听胡适课的学生也越来越多。

母亲的丧礼

胡适初入北京大学教书的那段日子里，中国的教育还沉浸在经典注疏的大海中。被称为"现代新儒家"的近代哲学家、教育家冯友兰说，胡适的哲学课对于当时中国哲学史的研究，有扫除障碍、开辟道路的作用，让人觉得面目一新，为之一振。

胡适传播知识的热情十分高涨，入学第一年，他便提出了开办哲学研究所的主张。此主张得到校方认可后，他被聘请为该研究所主任。由于胡适英文功底非常好，不久之后，他又被聘为英文部主任和英文研究所主任，本就不十分轻松的工作更加忙碌了。

胡适刚被聘为英文部主任不久，一位美国学者要在北京大学中开设演讲，学校就请了他去做翻译。口译很难，胡适却游刃有余，虽然第一次在公开场合做口译，可是他毫不怯场，表现非常好，于是之后这样的工作都落到了他的身上。

胡适的声音浑厚，吐字温和却字字都带有力量，让人听着总有一种如沐春风的感觉。作为一名教授，这是不可多得的优势。而且他学贯中西，条理清晰，思想新颖，口才也极好。

胡适就像是一个天生的演说家，任何知识从他口中说出，听起来都格外有趣。所以在北京大学任教期间，他也时常受到邀请外出演讲，出席各种学术交流活动。有一次，他在出席演讲时提到孔子、孟子和孙中山的话，将其称为"孔说"、"孟说"和"孙说"，并将这 3 个词写在了黑板上。过了一会儿，他发表自己的意见，便称之为"胡说"，惹得台下哄堂大笑。

胡适一向反对封建迷信的旧俗，所以计划于 1918 年底进行一次有关"丧礼改革"的演讲。然而在这之前，他却不得不亲自实行了一次新式的丧礼，那便是他母亲冯顺弟的丧礼。

1918 年的 11 月 24 日，胡适正在为 3 天后的演讲做准备，突然接到家中来电，说他母亲已于 23 日在家中病故。这一消息让胡适悲痛不已。他年幼丧父，由母亲一人抚养长大，对母亲的情感远比其他人家的孩子深厚许多。在外求学期间，他时常想念母亲，并努力挣钱养家，希望母亲过得不要太辛苦。然而母亲却突然去世了，于他而言确实是场沉痛的打击。

电报中问胡适"应否先殓"，胡适复电说"先殓"。回家前，胡适在北京印好了讣帖，上面写着：先母冯太夫人于中华民国七年十一月二十三日病殒于安徽绩溪上川本宅。敬此讣闻胡适谨告。

在当时的讣帖中，往往会出现"不孝 ×× 等罪孽深重，不自殒灭，祸延显妣"，"孤哀子 ×× 等泣血稽颡"之类的句子，"孤哀子"后"降服子"、"齐衰期服孙"、"期"、"大功"、"小功"等亲族，以及"文泪稽首"、"拭泪顿首"等有"谱"的虚文。然而在胡适写的这份讣帖中，全然没有上述的那些字眼。胡适这样做，便是先在讣帖中革除了陋俗。

胡适匆忙向学校请了假，便于接到消息的第二日带着妻子回到了故乡，为母亲操办丧礼。他到家时，母亲已殓了7日了，衣裳棺材都已办好。

按照当地风俗，家有丧事，家族亲眷都要送锡箔，白纸，香烛；讲究的人家还要送"盘缎"、纸衣帽、纸箱担等件。由于每家都会送锡箔和白纸，往往等丧事办完，这些东西还没有烧完，便只得再折价卖回给店家。胡适极不赞成这种浪费，于是他到家后，立刻给各处有往来交谊的人家发了通告，请来人"只领香一炷或挽联之类"，不要带锡箔、素纸、冥器、盘缎等物，即使带来了，他也不收。

胡适从各位长辈亲戚处访问事实后，做了一篇《先母行述》。在行述中，他也没有采用那些不属实的古文词汇，而是实话实说。他知道自己说老实话会得罪许多人，但若是说谎，那便是大不敬。所以他宁可得罪活人，也不愿得罪死人。

讣闻出去之后，便是受吊。按照当地传统习俗，当是"外面击鼓，里面启灵帏，主人男妇举哀"，然而吊客一离开，哀声也就停了，直到下一位吊客进来，再如此重复。有些有钱人家甚至会花钱雇人来哭，以示自己的孝顺。胡适十分看不惯这样的行为，所以在他受吊时，他将灵帏敞开，自己站在帏里答谢吊客，又让子侄们站在外面招待客人。心里难过了，他便哭，哭到不能哭了，便不哭。绝不作假。

在徽州，祭礼最为讲究。胡适小时候曾看到过不少祭礼，无论规模大小，都得要上两三个钟头。在他看来，这种作祭不过是做热闹，装面子，摆架子而已。他本人并不想办祭礼，然而他的外婆年事已高，白发人送黑发人，自然是不肯草草了事。最后胡适只得依了外婆的意思，将祭礼简化成两种：一种是本族公祭仪，立，包括就位，参灵，三鞠躬，三献，读祭文；另一种是亲戚公祭，包括序立，主祭者就位，陪祭者分别就位，参灵，三鞠躬，读祭文，辞灵礼成，谢奠。

以往的祭礼程序烦琐，耗费大量人力和时间，大概要七八天之久才能结束。胡适改良后的祭礼同样表达了对死者的哀悼和敬意，却只要 15 分钟就可以结束了。胡适知道死者不能受享，所以他废除了饮食的祭礼，改为向死者表达敬意的仪式。即使死者不能领会，表达敬意也是合情合理。

按照当地的旧习俗，丧礼上应请和尚道士念经，子孙叩首等，这些胡适也一概省略掉了，只留下为母亲披麻戴孝一项。离开北京时，由于心里特别混乱，他只是按照习惯的旧礼戴了白帽结，布帽，穿了布袍，白鞋。又按照亲制蒙了黑纱。后来他虽想改用乙种礼服，袖上蒙黑纱。后来因为来送殡的男人女人都穿白衣，主人不能独穿黑，只好用麻衣，束白腰带。并以向母亲的遗体深深鞠躬代替了叩首。此外，他还亲笔写了"魂兮归来"四个字挂于灵前。

在旧习俗中，许多人家喜欢请名人大官点主，并视之为大事，胡适却觉得不过是装面子，摆架子之举。他不想借母亲来替他摆架子，于是只请一位老友在写牌位时直接点好"主"字的点。

出殡之前，有人向胡适兜售一块坟地，说此地风水极好，可以一直保佑胡适做到总长之职。胡适不愿与其纠缠，便说自己也看过一些堪舆书，只是不曾见有哪一部书上写过"总长"二字，请那人留着好地自己用。之后，胡适在父亲的坟附近找了一处地方，作为了母亲的坟地。

乡人们不明真相，真以为胡适在国外学了更精妙的风水学，于是在胡适将母亲葬下之后的不到 10 天里，有人抬了一口棺材，摆进了他母亲坟下的田里。有人将此事告诉胡适，并说这样会挡住他母亲棺材后面的"气"。胡适却丝毫不在意地告诉来人，气是四方八面都可进来的，没有东西可挡得住，由他挡去罢。

按照当时的习俗，母亲过世应穿丧服 3 年，然而胡适在母亲过世后，前后共穿了 5 个月零十几天的丧服便不穿了。这一切因为他意识到纪念父母有很多方法，完全不必单单保存这 3 年服制，而且现行的服制实际上有许多行不通的地方。一种遗制是否可以存在，不应该因为它是古制就糊糊涂涂的服。胡适尊重良心的自由，不愿意盲从无意识的古制，故决意实行短丧。

事后，胡适又对当时的丧礼习俗进行了深思。他说丧礼的坏处并不在于不行古礼，而是没有把古代遗留下来的许多虚伪仪式删除干净。许多古礼本身没有错，然而后人为了遵循古礼的形式而去作伪，则是他最不赞成的。此外，虽然当时的丧礼废去了古代的一些繁重礼节，可同时也添上了许多迷信的、虚伪的野蛮风俗。想要改良丧礼，必须一边把古丧礼遗下的种种虚伪仪式删除干净，一边把后世加入的种种野蛮迷信的仪式删除干净。这两方面破坏工夫做到了，方才可以有一种近于人情，适合于现代生活状况的丧礼。

提倡新文学

回国之后，除了在北大的日常教学，让胡适投入最多心血的事就是文学革命。这是一场没有硝烟和战火的革命，而其过程却也有过轰轰烈烈。在中国的历史上，这一场文学革命意义非凡。

文学最基本的是社会生活的反映，它可以体现一个国家的文化，也可以体现国民的思想深度。在国家发展的道路上，好的文学能够成为动力，成为人们追求美好生活的精神力量。胡适对待许多事都持乐观的态度，然而就在他归国之前，他却对于国内群众的精神面貌并不报什么希望，并且时常劝那些早于他回国的朋友，切莫存太大的希望，因为希望越大，失望越大。早在回国途中听说张勋之事时，他的想法便已得到了证实。回国之后，时间越久，他越发确信自己这个观点是正确的。

20 世纪初期，中国发展得极其缓慢，虽然国内已可以看到一些新鲜玩意，但归根结底，都不是思想上进步的表现。回国初期，胡适在一位朋友的邀请下去一家大剧院看戏，然而他发现，虽然整个剧院里里外外都是仿照西洋风格建造的，里面唱的却是老旧的剧目，表演者也仍然是 10 多年前的老演员，这些人习惯了旧式的演出方式，一招一式都与西洋化的舞台和布景格格不入。

胡适不禁发出疑问，相隔 13 年，新的角色都到哪里去了？

为何舞台上还是只有这些老古董们用老旧的方式表演着老旧的剧目？整整两个小时，除了剧院的构造和舞台的布置，他没有看到一点新意。这也就难怪他会在回国前，听到美国的一些朋友们担心他要不认得 7 年前的"老大帝国"时说："列位不用替我担忧。我们中国正恐怕进步太快，我们留学生回去要不认得他了，所以他走上几步，又退回几步。他正在那里回头等我们回去认旧相识呢。"

胡适回国后，发现当时国内另一个比较显著的现象是国人将大部分时间用于消遣而非学习。有一次，胡适去一位朋友那里谈事情，谈到一半时，他的朋友突然有客到访，于是胡适便请朋友去接待客人，自己留在房间里等朋友回来。胡适整整等了一小时，听他们一直在闲聊，没有谈到任何有用的事，他实在听不下去了，便请听差去叫他的朋友回来。然而那两位来访者并没因此结束谈话，而是继续兴高采烈地说了下去，胡适无奈，只得走了。

经历了这些事后，胡适已感觉国人的精神世界仍然是相当匮乏。在他回国 3 个月时，国内出版界的情况更让他感到失望。起初，他发现"扑克"牌成了时髦的消遣，竟然还出现了许多介绍玩法的书籍，便想，既然这类书籍都有这么多了，那有用的书自然也该有更多。然而他调查了上海的出版界后发现，关于哲学的书只有几本，而且其中的内容都落后至极，甚至可以说尽是糟粕。至于文学类的书籍倒是有不少，然而也都是些古文形式译本或是名家十几年前的旧作。

胡适在书架上看到一本莎士比亚的译本，拿下来翻阅，发现译者将原本是会话体的戏剧翻译成了《聊斋志异》形式的叙事古体文。他又找到一本《妇女文学史》，翻开之后才发现里面有整整 60 页都是苏蕙的回文诗。至于那些新出版的小说，他更是看不出有什么值得看的地方。在所有的文学书中，只有王国维的《宋元戏曲史》令胡适感到是本好书。

胡适心中不由对中国的文学发展感到悲哀，整整 7 年间，已出版的值得看的书竟然还不到两三本，除了《上下古今谈》，连可以用来消遣的书都没有一本，更不要说研究高等学问的书了。唯一令他感到欣慰的，是一本《中国外交史》已经印到了第三版，且确实是一本好书。但这并不能解决什么文学领域的实际问题。

胡适感到自己真可以放声大哭一场。照这样的情况看来，当时的中国人头脑中的饥饿远远比腹中的饥饿更严重，腹中饥饿还可以去施粥的厂子里求一点粥吃，而脑子极度饥饿时，却连能求一点精神食粮的地方都找不到。

胡适又去调查了市上最通行的英文书籍，结果仍然不让他满意。虽然英文书籍的数量不算少，但所有英文书籍都是些上个世纪甚至上上个世纪的书，偶尔有几本新书，其中所记录的内容却也与他在美国时接触到的新思潮一点关系也没有，这让胡适更加失望。

渐渐地，胡适也开始在一些报纸上看到有关"新思潮"的言论，但是这些"新思潮"或太琐碎，或太笼统，并不能真正表达新思潮的性质，也不能为新思潮运动起到解释和推动作用。许多人只是单纯地认为要拥护"德先生"和"赛先生"（即民主和科学），就要反对国粹和旧文学，却并不明白其中的根本意义。这些都让胡适对文学革命产生了更强烈的愿望。

胡适深知，中国已有1000多年的白话文学作品，如禅门语录、理学语录、白话诗调曲子和白话小说。而且，老祖宗在两千年之中已渐渐地把一种大同小异的"官话"推行到了全国的绝大部分地区。自从开了海禁，和世界文化有了接触，有了参考比较的资料，尤其是欧洲近代国家的国语文学次第产生的历史，已有大部分国人明白了国语文学的历史。所以，这些人会放胆主张建立中国自己的文学革命也是理所当然的。另外，科举制度的废除和封建帝制的颠覆，专制政治的根本推翻，都是导致文学革命必然产生的重要因素。

就在胡适进入北大的同年，国内终于爆发了文学革命，其基本内容为反对文言，提倡白话，反对旧文学，主张新文学。新文学提倡的是一种中国现代文学体系，其开端为1915年创刊的《新青年》杂志，体裁上以新诗、小说、散文为主，在内容上采用中西并包，取其精华，去其糟粕。1917年，《新青年》的主编陈独秀应蔡元培之邀出任北大文科学长后，《新青年》也就随之迁入了北京。这也为文学革命创造了有利条件。

进入北大之后，胡适便积极参与到了文学革命的活动中，他本就是提倡新文学、反对旧文学之人，如今，文学革命给了他一个施展的空间和平台，让他能够将自己的主张和理念传播给更多的人，唤起更多国民对新文学的重视，从而推进文学的进步。

在文学革命的过程中，胡适主要的贡献在于提出了文学历史进化观，指出："一时代有一时代之文学"，"今日之中国，当造今日之文字"。他还提出了"文言合一"和"白话文学为中国文学之正宗"的观点，主张人们不但要改变文字的表达方式，还要改变思维方式。

有人认为只要用白话写出的文学就是新文学，导致写出的文章虽然满篇不见一个古文，但结构冗长，尽是废话，可用一两句便能说明的事情，非要用大段的文字去描述。这样的文学根本算不得是进步。

胡适说，若是只改变表达方式，而思维方式仍然遵循旧文学，那便算不上真正的文学革命，所做的文学也算不上新文学。真正的新文学需要用新的文学技巧取代旧的文学技巧，正如他在文学"八事"中指出："须言之有物、不模仿古人、须讲求文法、不作无病呻吟、务去陈词滥调、不用典、不讲对仗、不避俗字俗语"。

胡适将自己称为"发难的人"中的一员，他说："我们也不用太妄自菲薄，把一切都归到那'最后之因'。白话文的局面，若没有'胡适之陈独秀一班人'至少也得迟出现二三十年。"

白话文运动

有人问胡适为什么要发起白话文学运动，胡适回答到，这只是一个偶然的事件，而事件的起因就是当初那场关于"死文字"

和"活文字"的争执。在那场持续了一年的争执中，朋友们的反对成了促使胡适坚持的动力。反对的声音越强烈，胡适就越坚持，越努力地去寻找可以反驳其他人的证据。也正是在那次争执中，胡适得出了"从古以来，中国旧诗当中好的句子都是白话，散文也是白话"的结论。

在胡适看来，若是没有那一连串的偶然，就没有后来的《文学改良刍议》，或许也就不会有之后的文学革命和白话文运动。然而即使按他所言，白话文运动的起源只是一次偶然，可后来那轰轰烈烈进行着的白话文运动却毫无疑问是有意的主张。而且这一运动有两个要点与那些白话报或字母的运动绝不相同：第一，在这个运动中没有"他们"和"我们"的区别；第二，这个运动直接向古文的权威发起了攻击，将其视为"死文学"。

当胡适下定决心在国内推行白话文运动后，社会上立刻响起了不少类似"古文才是正式的文字"，"白话文不应被推广"的声音。甚至是在北大校园内，也存在不少提倡古文，反对并攻击胡适和白话文运动的人。

蔡元培接手北京大学校长一职后，采用了"百花齐放，各种学术并存"的主张，是以在当时的北京大学中，存在着两种派别的教员，一种是"革新派"教员，以陈独秀、胡适、李大钊等人为代表；另一种是"守旧派"的教员，以黄侃、刘师培、陈汉章等人为代表。新派的老师大多有过留学经验，旧派的老师则都是章太炎的学生，两派的老师在学术上各持己见，时常免不了发生一些冲突，而冲突最大的两人就是胡适与黄侃。

黄侃有个外号叫"黄疯子",可见此人性格如何。黄侃对章太炎极其恭敬,当年得知章太炎入狱后,主动要求与其一同入狱,以便精心侍奉老师。黄侃的主张与胡适完全相反,始终认为文言文才是正统学问,于是每次上课前,他都会大骂胡适一番,希望同学们不要被胡适所影响,专心学好文言文。然而即使如此,听他的课的学生人数仍然在一天天减少,喜欢听胡适讲课的学生反而越来越多。

胡适进入北大之前,黄侃身为章太炎最忠实的弟子,带着其他同门大败了统领北大文科的桐城派,并因此名声大震。他没有想到,胡适的出现竟然轻而易举就摧毁了自己在北大的地位,并且让自己一心推崇的文言文和传统学术变得不值一提。在黄侃眼中,胡适简直就是数典忘祖之流,他想用一切办法将胡适驳倒,然而新文学代替旧文学是必然的趋势,即使黄侃有心逆转局势,却也无法将胡适驳倒,重兴文言文当初的盛况。

事实上,最惹黄侃生气的,是其门下的高才生傅斯年站到了胡适的队伍里。傅斯年大学期间选修的是"国学门",主攻传统国学文化。傅斯年一心向学,黄侃也对傅斯年格外精心栽培。然而自从听过胡适的课后,傅斯年便对胡适的新思想和新觉悟产生了共鸣。

在胡适的带动下,北大的学生们中涌起一股谈论国内外时事的热潮,这让本就对时事政治感兴趣的傅斯年更加钦佩这位老师,进而成了其忠实的追随者。有时,傅斯年也会加入这些辩论,他每次都会细心聆听老师们的言论,再用自己的认识表达支持或反对的观点，有些老师都说不过他。当胡适主张"国语的文学，文学的国语"，提出只有白话文才能带活中国的文学时，傅斯年直接表现出了对胡适的支持，站到了胡适这一边，傅斯年的这一态度让黄侃对胡适更加怨恨。

对于胡适，黄侃心里有着极大的不满，于是时常刁难胡适，有一次他说胡适所谓的推广白话文未必出于真心，若是真心，应该将名字改成"往哪里去"，而不是"胡适"。还有一次，黄侃为了说明文言文的高明，用胡适举例，说"如胡适的太太死了，他的家人电报必云：'你的太太死了，赶快回来啊！'长达11字。而用文言则仅需'妻丧速归'4字即可，只电报费就可省三分之二。"

对于黄侃所举的关于电报的例子，胡适没有怒，也没有恼，他也用了一个例子，便轻松化解了黄侃的进攻。

那也是在一次课上，一位同学质疑胡适"白话文没有缺点"的论点，并举出了黄侃说的那个例子。胡适微笑着给同学们讲了一件事，他说，之前行政院有朋友请他去做行政院秘书，他用白话文写了封复电，也非常省钱，如果同学们不信，可以各自用文言写一篇回复，然后和他的比较一下，看哪一个更省钱。

不一会儿，学生们就各自写好了电文，胡适从中挑出最短且表达意思完整的一篇，并念了出来。这封文言电文一共有12个字，内容为"才学疏浅，恐难胜任，恕不从命"。胡适念完，对大家说："这份电稿仅12个字，算是言简意赅，但还是太长了。我用白话文只需5个字：'干不了，谢谢。'"

　　胡适的这5个字虽然简单，却含义深刻。"干不了"3个字表明了自己才疏学浅，没有能力胜任，"谢谢"两个字说得客气，却也表达了拒绝。胡适仅用5个字便将学生用12个字表达的意思表达得十分清楚，这让学生们心服口服。

　　胡适对事不对人，面对黄侃的多次挑衅，他采取的主要方式是忍，而不是以同样尖锐的语言去与之争吵。然而有一次，黄侃将话题引到了胡适的父亲身上，以至于胡适忍无可忍，与他争辩了几句。

　　那一次，胡适与人在宴会中谈起墨学，黄侃听得生气，便说讲墨子的人都是"王八蛋"。胡适没有理会他，继续与人谈论墨学，没想到黄侃得寸进尺，竟然说胡适的父亲也是"王八蛋"。胡适忍不住了，于是开口指责黄侃不应该骂他的父亲，谁知黄侃竟然笑说自己是在试探胡适，墨子心中无父，而胡适心中有父，所以胡适还是不配谈墨子。黄侃的一番言论弄得胡适哭笑不得，他看着黄侃疯疯癫癫的样子，却也没办法继续与他争辩下去了。

　　为了与《新青年》相抗衡，黄侃也召集了一些人办了杂志，起名为《国故》，倡导国故，宣传文言文。胡适得知此事后，并没有将他们这本杂志放在心上，因为他知道，白话文必将取代文言文。事实也确实如此，黄侃等人的《国故》并没有起到他们预期的效果，还是有大批的青年学生站到了白话文的队伍中。

　　虽然中途经历了种种指责和阻碍，胡适却一直没有放弃推广白话文。其中，也有人以胡适等人都自小学习古文为理由，提出胡适等人能作好白话文的原因在于他们古文读得多的观点，并建议青年们想要作好白话文，必须先学好古文，将古文和旧诗作通作好，不然就不可能作好白话文。胡适听说后，立刻否定了这样的观点，他说，想要作好白话文，就应该从活的语言下手，从白话文下手。

胡适将自己和推广白话文的伙伴们与曾被裹过小脚的女人作比较，称裹了小脚之后的脚是放不大的，他们也是一样，因为从古文里出来，所以白话文作不好。他希望青年们不要走他们的老路，并说，自己的白话文作得并不好，但是之后的青年们只要从一开始就学习白话文，不学古文，那么他们就有机会将白话文作得很好。

加入《新青年》

1918 年 1 月，胡适加入了《新青年》编辑部，正式成了《新青年》的一名主力军。

胡适与《新青年》的缘分起于他还在美国时，早在 1916 年，胡适所翻译的小说《决斗》就已被刊登在了《新青年》的第二卷第 1 期上。之后，他还在《新青年》上连载了《藏晖室日记》。直到 1917 年，他的那篇《文学改良刍议》让他深得陈独秀的欣赏，也让他正式成为了《新青年》上的知名人物。只是当时他身在美国，所以《新青年》的成员们对胡适只闻其名不曾见过其人。

《新青年》于 1917 年初入京后进行了改版，开始改为白话文写作，使用新式标点。同年，胡适进入北大，与陈独秀、李大钊等人成了同事，与《新青年》的距离也更近了。

在胡适眼中，《新青年》是中国文学史和思想史上划分一个时代的刊物，20 世纪前三十年的文学运动和思想改革基本都是从这个刊物出发的。有人说，陈独秀创办的《新青年》成就了胡适。此言并非没有道理，毕竟是《新青年》给了胡适一个畅所欲言的场所，让他可以自由地发表言论，表达观点，并鼓励了他积极进行新文学的创作。

正式加入《新青年》后，胡适的作品越来越多地出现在《新青年》上，从 1918 年第二卷第 1 期开始，每一期的杂志上都能看到胡适、沈尹默、刘半农等人的白话诗。这一现象让青年人们对这份杂志越发感兴趣。

1918 年 4 月，胡适发表了《建设的文学革命论》。他说，他的《文学改良刍议》已发表了一年多，引起了许多很有价值的讨论，并受了许多很可使人乐观的影响。那些旧派文学之所以还可以存在于中国，是因为国内还没有一种真有价值、真有生气、真可算作文学的新文学代替它们。有了"真文学"和"活文学"，"死文学"和"假文学"就自然会消灭。

在这篇《建设的文学革命论》中，胡适引用了自己之前提出的"八不主义"，并将它们总括为 4 条肯定形式的原则：第一条是"要有话说，方才说话"，第二条是"有什么话，说什么话；话怎么说，就怎么说"，第三条是"要说我自己的话，别说别人的话"，第四条是"是什么时代的人，说什么时代的话"。

建设新文学论的唯一宗旨只有 10 个字，即"国语的文学，文学的国语",并指出文学革命的目的在于创造出一种国语的文学,这样才能有文学的国语,才能让国语成为真正的国语。胡适说,死文字决不能产生活文学,只能产生一些没有价值的死文学。国语没有文学,就没有生命,也没有价值,就不能成立,也不能发达。

除了推广文学革命,提倡白话文学外,胡适在《新青年》发表的文章主要体现在 3 个方面,提倡个性解放、妇女解放和鼓吹社会自由。

在《新青年》7 月出版的第四卷第 6 期中,胡适发表了《易卜生主义》一文,用易卜生的 3 句名言阐述了他所理解的健全的个人主义的核心精神:第一句是"你想要有益于社会,最妙的法子莫如把你自己这块材料铸造成器",意在提醒当时的人,要先成人,再成材;第二句是"社会最大的罪名莫过于摧折个人的个性,不让他自由地发展",意在劝告人们要勇于说实话,勇于向恶势力反抗;第三句是"世界上最强有力的人就是那最孤立的人",意在告诉人们在为正义和真理而战时不要害怕孤独。

对于易卜生提出的个人应当充分发挥自己的个性的主张,胡适也是非常赞同的。他说,易卜生提出的"救我主义"其实是最有价值的利人主义。

胡适说:"人生的大病根在于不肯睁开眼睛看世间的真实现状……却不知道:若要病好,须先认有病;若要政治好,须先认现今的政治实在不好;若要改良社会,须先知道现今的社会实在是男盗女娼的社会!"在这方面,胡适十分欣赏易卜生肯说老实话，能够将社会种种腐败龌龊的现实写出来给人们看。

在易卜生看来，他所生活的社会中那些所谓"道德"不过是些陈腐的旧习惯，符合社会习惯的是道德，不符合社会习惯的就是不道德。胡适认为在自己所处的社会中也是如此。当时的中国虽然已推翻了封建制度，然而在许多人心中，封建制度的纲常仍然没有被彻底消除，他们还会习惯性地以封建思想为标准，管理自己的思想和言行。正是在这样的社会环境里，才会生出许多自以为"道德"的伪君子，表面上都是仁义道德，骨子里都是男盗女娼。

同年，胡适又在《新青年》上发表了对于妇女解放的态度，并阐明了自己对社会中存在的妇女问题的看法。

胡适一直痛恨封建习俗和旧传统，支持女性的解放，早在美国读书时，他就曾写信劝未婚妻不要缠足，要多读书，多学习。回国后，看到国内的大多数女子仍然受到封建礼教的束缚，相信封建制度鼓吹的"三从四德"，将大好时光浪费于相夫教子之类的事情上，而不走出家门学习，接受新思想、新事物，胡适十分为她们感到可惜。

在胡适心中，女子与男子应是平等的。当他在《新青年》第四卷 5 期中读到了周作人先生翻译的《贞操论》后，胡适感触颇深，于是在第五卷第 1 期中发表了《贞操问题》一文，他指责了当时社会中提倡女子当替未婚夫守节，女子丧夫后不应再嫁等不平等现象，认为法律不应盲目褒扬贞操，而是应该想想道德的真正意义，并且对男女持平等对待。

　　两个月后，他再次在《新青年》发表了有关妇女解放的文章，指出美国女子与中国女子之间最大的差别在于"人生观"的差别。中国的女子以作"良母贤妻"为人生观，美国的女子却以"超于良母贤妻"为人生观。所以美国的女子更加"自立"，更加能发展个人的才性，不需要倚靠他人便可以生活。胡适说，中国的女子最缺少的，就是这种"超于良母贤妻"的人生观，如果中国的女子也可以养成这样的人生观，那么她们也会成为"自立"的女子，促进良善的社会的形成。

　　关于"自由"，胡适认为这并不是一个外来词汇，而是中国很久以前就拥有的词汇。他说"自由"是一个倒转的语法，可以理解为"由自"，即"由自己做主"。自古以来，有太多人为了争取自由而坐牢，被杀害，这些情况都是封建专制主义统治下产生的悲剧。

　　胡适口中的自由，并不是那种有意看轻外面的拘束，或是故意向自己内心去求安慰，求自由的行为，而是能够在某一方面不受生活不受外力限制束缚的权利，比如言论自由、出版自由、思想自由等。他说，这些自由不是天生的，而是需要人们通过努力才能获得的。从他发表在《新青年》上的文章中，我们可以看到，他确实在努力着，用文人的方式努力着。

　　在《易卜生主义》中，胡适写道："发展个人的个性须要有两个条件。第一，须使个人有自由意志。第二，须使个人担干系，负责任。"他以易卜生的《玩偶之家》中的娜拉为例，指出郝尔茂对待娜拉最错误的地方在于他没有将娜拉视为一个活生生的人，既不允许他有自由意志，也不许她担负家庭的责任，所以娜拉从来没有机会展示她的个性。也正因如此，当娜拉意识到这点之后，会选择离家出走，以一个人的身份去生活。

胡适又举了《海上夫人》中哀梨姐的例子，他说哀梨姐之所以会想要和别人去海外，根本的原因也是没有自由。当她的丈夫同意和她解除婚约，允许她离开家，拥有完全的自由并承担干系后，她反而不想去海外了。因为她真正需要的并不是和人远游海外，而是拥有自由，既然自由已经有了，负责的权利也有了，那么她的生活就不一样了，海外的世界对她也就没有吸引力了。

胡适说，一个人没有自由的权利，又不负责任，即使可以经历许多好玩的事，可以暂时的高兴，心里也不会感到真正的乐趣，因为他们的人生完全由着别人的安排发展着，进行着，那样的生活是奴隶的生活，无法实现个性的发展，自然也就不可能有真正的乐趣。家庭是如此，社会也是如此。如果一个社会中的人们都没有自由独立的人格，就如同酒里少了酒曲，面包里少了酵母，人身上少了脑筋。若真如此，那么这个社会就不存在进步的可能性了。

《新青年》是胡适自由言论的战场，在当时的社会，有了《新青年》为支持，他才能将自己从西方学到的进步的思想传播出去，让更多的青年们从旧的思想中清醒过来，不再受封建思想的干扰，成为真正有思想，意识到个人存在性，知道什么才是社会进步真正需要的"新青年"。也确实有大批青年学子在看过了胡适发表在《新青年》上的文章后，受到了现代观念的启蒙。

以教育拯救教育

教育需改革

有人说，思想与文学是分开的，胡适却不同意他们的观点。他提倡思想和文学并学，既要学习洋文，又要学习洋文化，因为学习洋文的最终目的就是学习西洋的学术思想。

胡适说，中国人学习西洋文字时，不应该因为认识了些西洋文字，或者能够说一些西洋话就感到满足，中国的学校在教授西洋文字时也不应该以这两样为目标，而是应该用一种"一箭双雕"的方法，既教文字，又教思想。

在发表于《新青年》第四卷第1期上的《归国杂感》一文中，胡适针对当时学校选举的教学材料提出了一些意见。他说教散文时，赫胥黎的《进化杂论》要好过于欧文的《见闻杂记》和阿狄生的《文报选录》，而教长篇文字时，弥尔的《群己权界论》

要好过麦考来的《约翰生行述》。

胡适回国后，一直听到社会中有人在说教育可以救种种的弊病，可在国内生活了一年多，他所看到的一切却让他感到，这种教育不但不能救国，反而会导致亡国。胡适一心想要以教育救国，所以离乡 10 多年再回到祖国后，他立刻去探访了家乡的一些学堂，想看看此时国内的教育是怎样的。没想到这一次探访让他大失所望。

胡适失望的原因并非家乡的学堂仍然破旧落后，恰恰相反，那些学堂的课表看起来都十分完善，不但有国文和修身之类的课程，还有体操、图画和英文这样的西洋课程。一些小学堂不但请了中学堂的学生来教学生唱英文歌，还买了风琴。然而在胡适眼中，学堂的这些做法只是增加学堂的开销和负担，却没有对学生产生任何积极的影响。

在西方留学多年，胡适对西方的许多新思想，特别是杜威的实验主义极其赞同，所以当他从事教育工作后，也十分注重教育的实用性。当得知家乡的小学堂每个月要支付请来教唱英文歌的中学生 60 块钱时，他说："这 60 块一年的英文教习，能教什么英文？教的英文，在我们山里的小地方，又有什么用处？"至购买风琴教音乐一事，胡适认为更无道理，他说那种学堂的音乐，既不能增进学生的美感，也不能增进学生的音乐知识，而且山区的学生家境贫穷，即使上了风琴课，也买不起风琴来练习，这样一来所学的就更没有用了。

胡适认为山区小学堂所开设的"新课程"对于山里学生的生

活起不到一点帮助。对他来说，如果某一地区的学生最需要的是农家常识、蚕桑常识、商业常识和卫生常识，学校却只教他们如何修身养性，如何做圣贤，又教他们音乐和英文，这样不合现实的教育是培养不出人才的。

胡适时常对人说，"列位办学堂，尽不必问教育部规程是什么，需先问这块地方上最需要的是什么"。又说，不要只将眼光集中在学堂的完备性上，一味追求学校开设了多少门课程，而是要注意课程的实用。他办学堂的人不需要讨好和巴结视学员，而是需要巴结小百姓。只有视学员说好的学堂算不得成功，等到小百姓们都愿意把自家的孩子送进学堂时，学堂才是真正的成功了。

至于中学堂中的教育，胡适认为也存在很大的问题。有一次，他与一位省立法政学堂的本科学生交谈，这位学生突然问他东文与英文是否差不多，此问一出，胡适心中感到非常诧异。他没有想到，一位已经进入大学本科的学生竟然能问出如此幼稚的问题。特别是当这位学生后来问出"原来日本也在海岛上吗"的问题后，胡适更加感觉中学堂的教育对于学生们实在没什么意义。

再去仔细分析中学堂的教育，胡适发现，中学堂里教的功课和社会上的需要毫无关系，他不由感叹，社会需要的是做事的人才，而不是此时学堂教育出的这种既不会做事，又仗着自己有中学毕业文凭，高不成低不就的人才。若是继续推行这样的教育，怕是会引发亡国之灾。

1920年3月，胡适将自己的教学经验总结为一篇《中学国文的教授》。在文中，胡适建议应增设一些如演讲或辩论一类的实践课，让学生们有机会实践所学到的国语。他说，所有能演说、能辩论的人都擅长作国语文，可见演说和辩论都对学生养成有条理系统的思想能力有着很大帮助。

胡适希望中学生在毕业之后能够人人可用国语自由表达思想，但他也希望学生们能够看得懂平易的古文书籍，能作方法通顺的古文，并且能够对古文有一点点懂得的机会。可见，胡适并非一味反对古文。他希望学校在教授学生古文时，不要一味讲读，而是要让学生们自己看书。他说，他虽然从不背诵古文，但是在看小说、史书、杂书的过程中，他对古文的方法有了了解。这说明多读书才是学习作文的最佳途径。

在过去，人们往往会通过让初学者学习音韵训诂来教他们作文，而胡适经过多年的研究，发现这只能作为学习工具而非学习方法，真正可用的、有效的方法是阅读。

在国语建设方面，胡适始终提倡采取倡导、研究和实践相结合的方式，虽然他没有做过太多有关阅读理论方法的文章，但是他所做的所有文章都是结合着具体的作品与著作的研究进行的。在这些文章中，胡适将阅读理论和阅读方法称为治学的高度，提倡初学者将读书作为学习作文的工具。为了更好地帮助初学者，他还弄了一个最低限度的国学书目。

胡适在《归国杂感》一文中表达的语气一直是悲观的，但他却说，自己对于国内的教育仍然抱有希望。他觉得，中国一直在进步，只是进步的速度太过缓慢，而且每向前三步便又退回两步，所以看起来好像一直没有发展。

　　进入北大之后，他一直不忘初心，朝着自己最初的目标努力，想要在中国建一所世界一流的大学。在他的"教育救国梦"中，建一所世界一流的大学只是起点，在这之后，他还要成立研究院这样高等研究的场所，再造文明。

　　胡适曾在美国时了解到了康奈尔大学的创办始末，并对其创始人尤其敬佩，于是写了《康奈尔传》，将其创始人创办大学的原因和经过都记录了下来。他认为，一个人能够让社会上有志于学的人受到高等教育，不惜捐巨款，举办高等教育，这是极为高尚的情操，此人也可称为豪杰之士。当时，他便为国人没有这样的意识感到可惜，也为国内没有这样的大学而感到遗憾。

　　留学期间，他曾与几位好友就国内教育进行过讨论，最后大家一致认为，首先应设立国立大学以解决国内学者们无处接受高等教育的情况，其次应设立公共藏书楼和博物院，还要设立学会等机构。如今回国，担任了北京大学的教授，他便将自己对高等教育建议的诸多想法都提了出来。

　　在北大召开的关于教学方面的研讨会上，胡适一直积极地发表意见，虽然有些意见在当时由于一些条件上的限制，没能立刻实现，但正是因为他有着这些想法，并且从未放弃，才能在后来负责北京大学教学事务时将它们一一变为现实。

辅助杜威演讲

　　在北京大学教书的日子里，胡适除了教课、演讲，就是写讲义。在当时，所有的教授都有讲义，然而胡适的讲义却有些与众不同。他的讲义往往不按照以往的常理出牌，以他的《中国古代哲学史》讲稿为例，他跳过伏羲氏，直接以《诗经》作为时代的说明，将西周称为"诗人时代"，这在当时绝对是前所未有的。

胡适将大量的时间用于编写《中国古代哲学史》讲稿，预计在一年之中分90个小时讲完。此讲稿花费了他一年的时间才编写完成。后来，这些讲稿被收入了他的《中国哲学史大纲》一书中。

胡适刚开始编写《中国哲学史大纲》时，有些反对他的老师曾拿着他写的《中国哲学史大纲》嘲笑他，说中国哲学史本身就是哲学的大纲，如今胡适给大纲又写了一个大纲，是多此一举。然而反对的声音没有影响到胡适。书编好后，胡适曾自信地说，他相信自己是治中国哲学史的第一人，这件事也算是中国一件大幸事。事实证明，胡适的判断没有错，这一部书的功用确实对中国哲学史产生了极大的影响，并且在此之后，无论国内国外研究这一门学科的人都躲不了这一部书的影响。

《中国哲学史大纲》的出现，使中国第一次有了摆脱旧思想束缚的哲学史，也使中国人了解了哲学以及哲学史的定义。胡适在书中写到，凡研究人生切要问题，从根本上着想，要寻一个根本的解决，这种学问，叫作哲学。而这些关于哲学问题的研究法和解决方法的，按照年代顺序和学派的系统记录下来的，便是哲学史。遗憾的是，这本《中国哲学史大纲》只有上卷，却没有下卷。

在哲学方面，胡适受杜威的影响最大。胡适与杜威的渊源已有数年。胡适在康奈尔大学读书时，讨论班的人经常会将杜威作为他们批判的对象，这让胡适对杜威其人和其哲学思想产生了一些兴趣。读过了许多有关杜威实验主义的书籍后，胡适越发对杜威有兴趣，于是最终转入了哥大哲学系。

在大多数学生眼中，杜威是一位不擅长言辞的人，讲课枯燥无味，然而胡适却在他的课程中听出了兴趣，并且格外欣赏杜威讲课的方式，认为杜威用词严谨。杜威夫妇习惯每月举行一次茶会，并邀请一些朋友光临，胡适也曾被邀请参加过茶会，与杜威夫妇有了更近一层的接触。

胡适最崇拜的是杜威的思想，以及杜威的实验主义哲学。他曾说，他的思想受两个人的影响最大：一个是赫胥黎，一个是杜威。赫胥黎教他怎样怀疑，教他不信任一切没有充分证据的东西；杜威教他怎样思想，教他处处顾及当前的问题。

1919 年初，杜威计划偕夫人爱丽丝去东方旅行，当时日本的东京帝国大学得知此事后，热情地邀请他们前去讲学，于是杜威夫妇接受了邀请，并在日本进行了很多场次的讲演。胡适也得知了这一消息，于是他给身在日本的杜威夫妇写了一封信，希望他们也可以到中国举办演讲。同时，赴欧考察途经日本的北京大学的陶孟和及南京高等师范学校校长郭秉文等人也前去拜访了杜威，向杜威发出了诚恳的邀请。

最终，杜威于 1919 年 4 月 30 日来到了中国，胡适既是北大的教授，又是杜威的弟子，所以由他出面接待杜威成了理所当然的事。于是胡适连夜从北京赶到上海，与两位杜威曾经的学生陶行知和蒋梦麟一同担任了接待工作。三人将杜威夫妇送入了沧州别墅，之后的几天里，他们带领杜威夫妇简单游览了上海，然后便举行了杜威在上海的演讲。

江苏省教育会知道胡适与杜威的关系，于是请他在杜威正式讲学前先向听众们介绍一下杜威的哲学思想。胡适接受了江苏省教育会的邀请，并发表了一篇名为《谈谈实验主义》的演讲。后来，这篇演讲被改名为《实验主义》，并以节选的形式发表在了《新青年》《新教育》等杂志上。

胡适的《实验主义》一文中主要阐述了三方面的内容，分别是：实验主义与近代科学之间的关系，皮尔士和詹姆士的哲学思想，以及杜威的哲学思想。在当时的欧美，实验主义已是一种影响力很强的新哲学流派，而在当时的中国，遵循这一哲学流派的人却不多。胡适认为，实验主义的两个根本观念是科学实验室的态度和历史的态度，实验主义不过是科学方法在哲学上的应用。

1919 年 5 月 3 日，杜威在上海举行了第一次演讲，胡适担任了他的翻译。胡适的出现让许多对他慕名已久的学生感到兴奋和惊讶。学生们原以为，那位能够直言批评旧文学、旧制度、旧传统的胡适先生会是位西装革履，一副留学生模样的人，却不想他竟然是位身穿长衫、态度谦和的传统学者模样的人。一年之中，胡适以杜威翻译的身份，跟着杜威跑了许多地方，受到听众们的欢迎。

杜威在中国进行了长达两年多的讲学活动，还受聘于北京大学，担任了一年客座教授。这其中自然少不了胡适的提议和努力。早在杜威访华之前，《新教育》《新青年》等刊物上都已发表过有关杜威思想和其实验主义的文章。在他四处讲学的这两年里，人们将他所讲的内容整理成了书籍。当他离开中国时，他在北京大学所做的《五大讲演》已被国人编辑成了《杜威五大演讲》一书，并且已出到第 10 版。

杜威注重教育的革新，他在中国的讲演也要数教育的讲演为最多。对于一直想要以教育救国的胡适来说，杜威在此方面的演讲无疑对他产生了积极的影响。虽然在当时的社会中，杜威的学说并没有能够实行的机会，但胡适对他的学说仍然坚信不疑。胡适相信，杜威的种子已经散布了不少，在将来，这些种子一定会对中国的教育事业产生正面影响，在全国各地开花结果。

杜威没有给国人关于特别问题的特别主张，他只给了人们一个哲学方法，让人们自己学着用这个方法去解决自己的特别问题。胡适将这个哲学方法总结为历史的方法和实验的方法。他说，杜威提出的历史的方法既忠厚宽恕，又很严厉，是一切带有评判精神的运动的一个武器。杜威提出的实验的方法则至少注重三件事，分别是：从具体的事实与境地下手，一切学说理想和知识都只是待证的假设，以及一切学说与理想都须用实行来试验过。

杜威离开后，胡适发表了《杜威先生与中国》一文。在文中，他表达了自己对杜威的崇敬和不舍。他说，自从中国与西洋文化接触以来，没有一个外国学者在中国思想界的影响有杜威先生这样大的。他还相信，在最近的将来几十年中，也未必有个别西洋学者在中国的影响可以比杜威先生还大的。

胡适了解杜威并不是一个擅长演讲的人。早在哥大听杜威讲课时，胡适就曾说过："杜威不善辞令。许多学生都认为他的课讲得枯燥无味。他讲课极慢，一个字一个字地慢慢说下去，甚至一个动词、一个形容词、一个介词也要慢慢想出，再讲下去。"杜威在中国演讲结束后，胡适也曾说过："杜威不长于口才，每说话时，字字句句皆似用气力想出来的。他若有演讲稿，尚可作有力的演说；若不先写出，则演说时甚不能动听。"

杜威在国内演讲期间，虽然有很多人表现出了极高的热情和回应，但也有一些人表现出了消极抑制，就连当时浙江教育界的一部分教师也都对他的演讲不热心。一个本不擅长演讲的人，能够在这样的反应面前坚持演讲下去，足以说明他是真的爱中国，真的爱中国人。胡适十分感动，他说，杜威这两年不但在中国进行了演讲，还担任了中国的译人和辩护士，用最忠实的态度在国外的杂志上为中国做解释的。由于杜威高尚的人格，世界上对于他的言论是相信的。所以胡适十分感激杜威为中国所做的一切，认为应该就杜威这两年来对中国尽的这种义务表示诚恳的感谢。

文学的国语

回国不久，胡适应"国语研究会"的邀请，成了该会的会员，从事文字改革的工作。当时，该会的会长正是北大校长蔡元培，而其成员中也有不少都是北大的教授。在胡适加入该会前，该会的成员已经提出了"国语统一"和"言文一致"的主张，只是在究竟要以何为"标准的国语"这一事件上，他们却迟迟没有得到一个统一的结果。胡适加入后不久，他们面前的这一难题便迎刃而解了。

有些人说："若要用国语作文学，总须先有国语。如今没有标准的国语，如何能有国语的文学？"胡适却并不赞同这些人的观点，他说："国语不是单靠几位言语学的专家就能造得成的；也不是单靠几本国语教科书和几部国语字典，就能造成的。若要造国语，先须造国语的文学。有了国语的文学，自然有国语。"

胡适多年来对欧洲各国的国语历史进行了研究，他发现，无论意大利、英国、法国还是德国等其他国家，标准国语的产生都与文学有着密切联系，并且都是通过用白话作文的方式渐渐形成的。以英国为例，起初，英国的方言种类也是非常多的，然而当两位大文学家使用伦敦附近的一种"中部土话"做了许多的文学作品后，这种"中部土话"就得到了广泛传播，并渐渐被所有英国人所接受和模仿。最后，这一"中部土话"终于发展成了英国的标准国语。

胡适引用英国国语发展的例子，为的是让大家明白，真正有功效有势力的国语教科书不是字典，而是国语的文学，是国语的小说、诗文和戏本。他说，大家只要仔细想想，就能明白世上并没有多少人愿意从国语教科书和国语字典里学国语，然而若是从文学作品中去学，大家的态度却十分积极。

胡适还举了国内的一些流传极广的著作为例。他说从《水浒传》《西游记》《红楼梦》《儒林外史》等书对世人的影响中，都可以看出虽然有许多字在《字典》中有着明确的定义和读法，但人们还是更愿意在阅读文学作品的过程中理解这些字的意思。他说，到此时为止，人们所用的"标准白话"，都是这几部白话的文学定下来的，所以要想重新规定一种"标准国语"，还须先造无数国语的《水浒传》《西游记》《儒林外史》《红楼梦》。

事实上，中国的白话文学历史悠久，并不是从胡适这一辈才开始出现，然而直到19世纪初，中国却仍然没有一种标准的国语，这不得不让人们感到疑惑。胡适也曾对此事感到极大的疑惑，后来，他终于想明白了，中国古代的白话文学之所以没能成为标准国语，是因为白话文学的作者们都不曾有过有意的主张，不曾想要与"死文学"争个高下，抢夺"文学正宗"的位置。他们的每一次创作都是凭兴致而作，是不知不觉的自然产品。所以这些文学作品虽然受到人们的欢迎，地位却一直没有得到提高，也没能使白话成为标准国语。

为了实现"国语的文学，文学的国语"，胡适建议，首先要准备好创造新文学的工具和方法，创造新文学的工具就是"白话"，而方法则是收集材料、讲究结构和描写方法。当工具和方法都准备就绪，才可以进入白话文学的创造阶段。

"工欲善其事，必先利其器"，为了能够写好白话文，胡适建议从两点入手：一是多读一些类似《水浒传》《西游记》《儒林外史》《红楼梦》等可以作为模范的白话文学，二是养成不用文言作文的习惯，无论通信，作诗，译书，做笔记，作报馆文章，编学堂讲义，还是替死人作墓志，替活人上条陈等，都该用白话来做。他说，对于自小受到旧式教育的人来说，想要彻底戒除使用死文字是件比较困难的事，所以想要改掉这些习惯，就必须下一些狠劲，用点苦功夫。

对于不理解的事情盲目顺从或反对都不是明智之举。在当时，仍然有一些人抱着"死文学"不放，对白话文并不了解，却口口声声反对白话文。在胡适看来，这些人也需要试着去用白话作文。他说，不能用白话作文的人是不配反对白话文学的，如果那些人真的去尝试作了白话文，并且在作了几年之后仍然认为白话文不如文言文，那么这时他们才有资格对白话文进行攻击。否则，他们的反对就是荒谬之举。

在反对白话文的理由中，有一个理由是作白话文太难，不如作文言文省力。但在胡适看来，这是最站不住脚的一个理由。胡适说这些人会这样认为，是因为他们中文言文的毒太深，所以难以抽身。胡适以自己的一个侄子为例，说那孩子不过 15 岁，一直住在偏远的家乡，只不过看了一些白话小说，就能够自如地用白话文写信了。可见，白话文并不难学，那些坚持说白话文太难的人只不过是被懒惰绊住了手脚，舍不得抛"高文典册"的死文字罢了。

只有锯凿钻刨做不成木匠，还要懂得规矩师法，这说明想做成一件事，工具和方法必须同时具备。同理，想要实现国语的文学，光有白话文这个工具也不够，必须还要有适当的方法。虽然当时的社会中已有了一些白话文作品，但类似《新华春梦记》《九尾龟》这样的作品只不过用了白话文的形式而已，其内容和思想没有半点是新的，至于那些郑孝胥、陈三立的白话版译诗，在胡适看来，都完全算不得新文学。

胡适对于当时国内新起的一班所谓"文人"没有一点赞同。他说，这些人受病最深的所在，是没有高明的文学方法，所以他们才会无法突破旧文学的诟病，也写不出有价值的白话文作品。

胡适读了一些当时的"新小说"，发现其中大部分的小说都犯了同样的问题，就是结构混乱，布局不严谨。全篇内容都是由一些相互独立的片段凑起来的，每一段单独拿出来，再加些内容，都可以作为一篇独立的札记小说，而且可以无穷尽地接下去。只要是思维相对严谨的人，都不会对这些小说有兴趣。

除了结构混乱外，胡适还发现这些小说之中对人物的描写过于薄弱，令人读完全书之后，很难想得起其中都有哪些人物，更不要说能想得起这些人物各有怎样的特点。而读过《儒林外史》《水浒传》等优秀白话文学作品的人，即使时隔多年，再提到这些书时，他们的眼前都会浮现出许多个性鲜明，特征明显的人物形象，这便是《儒林外史》《水浒传》之类作品的优秀之处。

胡适将旧的小说与新的小说进行了对比，发现在当时的社会中，国人自己创作的白话小说只有两派，一派模仿着《聊斋志异》的格式去写一些札记小说，但内容却都是关于男女之情。在胡适眼中，这类小说不值一文，只能用来擦桌子。

白话小说的另一派以《儒林外史》或者《官场现形记》为模板，却只学了《儒林外史》的体裁结构不紧的坏处，而没有学其擅长写人物的好处。这些小说中，《广陵潮》还可算得上是上等小说，而《九尾龟》这样的小说，就只能算得上是下等小说了。

在 19 世纪一二十年代，小说算得上国内文学中最发达的一门。然而在这样一门占主要地位的文学中都找不出几件有价值的作品，可见其他的文学，比如诗歌或者戏曲的情况会有多么悲惨。胡适说，这些"新小说"全是不懂得文学方法的作品，既不知布局，又不知结构，又不知描写人物，只作成了许多又长又臭的文字；只配与报纸的第二张充篇幅，却不配在新文学上占一个位置。他说，当国语的小说、诗文、戏本通行之日，才是中国国语成立之时。

离开《新青年》

1917 年 2 月，胡适第一次在《新青年》第二卷第 6 期上发表了 8 首白话诗，其中有一首《朋友》内容为："两个黄蝴蝶，双双飞上天。不知为什么，一个忽飞还。剩下那一个，孤单怪可怜。也无心上天，天上太孤单。"胡适在诗题下对此诗作了说明，说这首诗的韵角分别为"天"和"怜"，"还"和"单"，所以他在创作这首诗时用了西诗的写法。

胡适曾说，"固有之文明日即于沦亡，而输入之文明亦扞格不适用，以其未经本国人之锻炼也。"对于胡适来说《新青年》是他推广白话文的阵地。多年来，他在《新青年》上发表了《历史的文学观念论》《建设的文学革命论》《论短篇小说》等一系列提倡白话文的文章，多篇白话诗，以及我国最早一部话剧作品《终身大事》。据统计，他在《新青年》上共发表了约 60 多篇作品，其中既有文学理论，也有文学创作，还有国外文学的译作和一些读书札记等。

胡适的文学翻译活动与其文学革命观点没有直接关系，但它们产生的原因却是相同的，即对中国文学现状的不满。1917 年的《新青年》上刊登了胡适翻译的两篇小说，分别是刊登于第三卷第 1 期上的莫泊桑的《二渔夫》和刊登于第三卷第 2 期上的《梅吕哀》。1918 年 6 月，胡适在《新青年》第四卷第 6 期中刊登了他与罗家伦合译的《娜拉》（易卜生的小说《玩偶之家》）。

在为《新青年》源源不绝输送稿件期间，胡适还担任着另一个重要任务，就是《每周评论》的主编。《每周评论》创立于 1918 年 12 月 22 日，是由陈独秀和李大钊共同创办的一本周刊，其宗旨在于"主张公理，反对强权"。《每周评论》的编辑部坐落于北京大学新楼文科学长办公室，起初，书记和主编都由陈独秀一人担任，从第 26 期开始，胡适接任了主编一职。

在《每周评论》上，胡适发表了一篇著名的文章《多研究些问题，少谈些主义》，对社会上的舆论进行了批判。他说，舆论家第一天职，就是要细心考察社会的实在情形。一切学理和"主义"都只是这种考察的工具，有了学理做参考材料，就可以使人们容易懂得所考察的情形，容易明白某种情形有什么意义，应该用什么救济的方法。然而当时舆论界却存在着偏向纸上的学说，不去实地考察社会需要究竟是什么东西的情况。

胡适在文章中写到，空谈好听的"主义"是极容易的事，却没有任何用处，空谈外来进口的"主义"就更没有任何实际用处。一切主义都是有时效限制的，只能对特定某时某地的社会产生效果。所以如果不切实对社会需要进行研究，了解社会需要什么，而是只会高谈某某主义，是解决不了任何问题的。若是偏向纸上的"主义"，那就更加危险。因为这种口头禅是很容易被无耻政客利用来做种种害人的事，一切好听的主义，都有这种危险。

从这篇文章中，可以看出胡适是极其反对"主义"的。在他看来，主张成了主义，便由具体的计划，变成一个抽象的名词，这也就是"主义"的弱点和危险。他又举了人人嘴里挂着的"过激主义"为例，说人们并不知道这个词究竟是什么意思，却一提到这个词就痛骂不已，就连他都被那些小官僚称为是"过激主义派的胡适"。

在当时的社会中，需要解决的问题有很多，而且都十分紧急，然而许多人不去研究如何提高人们的生活水平，不去研究如何让女子得到解放，也不去研究家庭制度如何纠正，反而整日大谈各种主义有多么好。胡适认为，这些人会如此，根本原因在于他们的懒惰。因为比起调查研究和做实事，高谈主义要容易太多。胡适劝新舆论界的同志们多提出一些问题，少谈一些纸上的主义，多研究这个问题如何解决，那个问题如何解决，而不是高谈这种主义如何新奇，那种主义如何奥妙。后来，胡适又发表了3篇针对"问题与主义"的文章，然而他的目的还没有达到，《每周评论》就被迫关闭了。

除了《每周评论》，胡适也在《少年中国》月刊上发表了一些有关人生观、世界观的文章。在1919年《少年中国》第1期上，胡适发表了《少年中国之精神》一文，提醒少年们要养成正确的方法，注重事实，注重假设，注重证实，提醒少年们不可不时刻保存这种科学的方法，实验的态度。他还希望少年们能够有批评的精神，有冒险进取的精神，还要有社会协进的观念。

1918 年秋天，北京大学中的各种社团如雨后春笋般相继而出。胡适的学生傅斯年打算成立一个名叫"新潮社"的社团，并创办一个名为《新潮》的刊物，然而他们将此事上报给陈独秀后，陈独秀却因为傅斯年曾是"守旧派"代表人物黄侃的得意弟子，担心傅斯年别有用心，于是迟迟不肯同意。傅斯年明白陈独秀的担心，于是向自己最信赖的老师胡适求助，请胡适代为解释。胡适欣然同意了傅斯年的请求。

胡适找到陈独秀，向陈独秀讲述了关于傅斯年的一些事情，并向陈独秀担保，傅斯年身上绝无守旧之气，也绝不会宣传守旧派的思想和理念。在胡适的帮助下，新潮社成立了，《新潮》也成功发刊，胡适应傅斯年的邀请成了刊物的总顾问。

《新青年》和《新潮》都是新兴社会力量的主要领地，但对于胡适来说，他最主要的阵地还在《新青年》。遗憾的是，随着时间的流逝，胡适与陈独秀在理念上渐渐发生了分歧。胡适一直坚持不谈政治，专注学术、教育和文学等方面的改革，而陈独秀却渐渐有了唤醒中国青年思想，推翻腐败传统的打算。当胡适仍然着重于研究如何进行文学改革，以教育救国时，陈独秀已开始将重心转移到政治宣传上。

在 1920 年第八卷第 1 期的《新青年》上，陈独秀写道："我们中国不谈政治的人很多，主张不谈政治的只有三派人：一是学界，张东荪先生和胡适之先生可算是代表；一是商界，上海底（的）总商会和最近的各马路商界联合会可算是代表；一是无政府党人……"从这段话中，可以看出陈独秀对胡适坚持不谈政治的做法有些不满，同时，他的这番话也让胡适的心中感到了一些不舒服。

对于《新青年》，胡适仍然有感情，但他知道此后自己在这里的位置变了，也没有办法再像过去对学术、教育等事畅所欲言，于是，他与《新青年》渐渐疏远了。不过即便如此，他与陈独秀之间却仍然保持着友谊。得知陈独秀被法国租界逮捕后，胡适焦急万分，一方面十分担心好友的安危，一方面对法国人的行为感到气愤，甚至出口大骂法国人不要脸。陈独秀结婚时，他虽因事没能出席婚礼，却也作了副对联，托另一位好友代为书写，以贺陈独秀新婚之喜。

胡适想要走的路，是类似欧洲文艺复兴之路，他不想涉足政治，而且说过 20 年不谈政治的话。虽然他珍视《新青年》，也珍视陈独秀，但是当自己的思想无法释放，抱负无法施展时，他最终选择了离开自己珍视的地方，离开曾与自己并肩作战的伙伴。陈独秀南下之后，胡适仍会不时为《新青年》供稿，却都只是些诗词作品而已了。

5. 学生与社会

1920 年的暑假，胡适去了南京高等师范的暑期学校进行演讲。很多其他地区的教员听说胡适要到南京高等师范进行演讲，特意从外省赶了过来，最后一共聚集了七八百人，这令胡适十分感动。胡适十分愿意与教员们交谈，但当教员们称他为"新文化运动"的领袖时，他却感到"惭惶无地"，因为他一直都没有将自己所做的事看作是"新文化运动"，所以自然也没有将自己当成"运动领袖"。

有些教员问胡适"新文化"的前景如何，这问题竟然让口才极佳的胡适一时语塞。因为在他眼中，当时的国内并没有什么文化可言。就连被人们称为新文化运动中心的北京大学之中，也存在着各种各样阻碍文化发展的东西。

当时的北京大学中有教职员 400 多名，学生 3000 多名，算得上是师资雄厚，生源壮大。然而，就在这样一所学校中，想要办一个月刊都十分困难。本应每月发一刊的月刊，因为收不到稿件，整整两年里竟然一共才发了 5 刊，而且其中有一些还都是主编一人所作。学校也曾计划出一套《大学丛书》，然而两年过去了，也才出了 5 大本。

胡适当时想，就算没有能写书的人，能翻译的人总是有的，不如找些能翻译的人来，将国外的书籍和文章翻译成国语出版，做一套《世界丛书》。然而他没有想到，5 个月里，他们收到的稿子大约有 100 多种，而真正值得出版的却只有一种。

胡适说，在这样一个学术界大破产的环境中，哪里还有什么颜面去讲文化运动呢？所以，他对于教员们关于"新文化"前景的问题只有一句回答，那便是"现在并没有文化，更没有什么新文化。"

　　1920 年 9 月 11 日，胡适在北京大学的开学典礼上进行了讲话，题目是《提高和普及》。那天，胡适因生病身体不适，本意只是想去听一听新教授们的讲话，毕竟那些新教授中，有不少人是他邀请来的，他若是不出面，也是不好。然而蒋梦麟在讲话时偏偏提到了胡适所在意的一些事，而且又没有将内容说完，于是胡适只得亲自将那剩下的部分亲自讲给在座的所有人听。

　　在讲话的一开始，胡适先向学生们讲了自己在暑假时经历的事情，表明了自己的观点。之后，他表达了自己对当时的"新文化运动"的一些看法。他说，外面学界中虽然有一种新的现象，但这只是一种新动机、新要求，并不能算得上是"新文化运动"，唯一的处理方法，是将这种新的运动趋向引导到有用、有结果的路上去。

　　对于这种所谓的"新文化运动"的趋向，胡适的理解是，这只不过是一些人拿着新名词在运动。他说，将一些半生不熟的新名词在人群中递来递去，进行普及，这样的事业虽然外面有许多人在做，但他是绝对不会去做的，他也不希望北大的学生们去做这样的事。

　　胡适希望北大的学生们不要学着外面的人，只停留在对新名词的普及上，而是希望学生们可以真正地提高自己。没有文化就去创造文化，没有学术就去创造学术，没有思想就去创造思想，总之就是去同心协力地创造一切。他说，只有提高才能真普及，越"提"得"高"，越"及"得"普"，这和桌上的灯不如屋顶的灯照得远，屋顶的灯不如高高在上的太阳照得远是同样的道理。

胡适进入北大已有 3 年，这 3 年里，他体验到了一件事，那就是北大虽然一直挂着"新思潮之先驱""新文化的中心"的招牌，但其教职员工和学生们在智识学问这方面仍然贫穷，这让他感到十分惭愧。所以在开学典礼上，他希望教职员工和学生们都可以不要再继续参与这种浅薄的"传播"事业，回到一种"提高"的研究功夫。

胡适说，想替中国造新文化，就必须从求高等学问入手，而想求高等学问，就必须先求得一些求学必需的工具。外国语、国文和基本科学都是求学必不可少的工具，与其去参加新名词的运动，不如拿着这些切实的工具，切切实实地做学问，把学问做好，把学术程度提高。他认为，若是能够这样持续 10 年或者 20 年，那么才勉强有资格当真做一点"新文化运动"。

胡适还告诉学生们："若有人骂北大不活动，不要管他；若有人骂北大不热心，不要管他。但是若有人说北大的程度不高，学生的学问不好，学风不好，那才是真正的耻辱！我希望诸位要洗刷了它。我不希望北大来做那浅薄的'普及'运动，我希望北大的同人一齐用全力向'提高'这方面做功夫。要创造文化、学术及思想，唯有真提高才能真普及。"

从胡适的这番讲话中可以看出，胡适希望学生们心中具有社会责任感，但他不支持学生参加社会上各种"运动"。在他看来，学生的职责就是认真做学问，只有将学问做好，才有资格去谈其他的事情。

对于学生与社会的关系，胡适一直有一种特别的观点，那就是学生负担的社会责任多少与所在国家文明程度的高低有关。在文明程度高的国家，学生并不需要对社会负太重的责任，是因为几乎全国的人都受到过教育，所以社会的责任可以由大家一起承担。而在文明程度不高的国家，只有学生受到了教育，所以学生就自然而然地成了需要对社会负很重责任的人。

比如说在一些农民家庭中，父亲是没有受到过教育的，那么孩子在受了教育后，就有责任去帮父亲的忙，告诉父亲肥料要如何用，土壤要如何选择。因为他认得他父亲不认得的东西，懂得父亲不懂得的知识，所以有了他的帮助，他家就可以收获比其他人家更多的粮食。

胡适将知识比作一副眼镜，他说没有受过教育的人是近视眼，没有明白的认识，没有远大的视力，而受了教育，有了知识，就是近视眼戴了一副近视镜，眼光变了，可以看明清楚远大，就可以令社会得到改良。以前眼镜铺不多，所以近视眼的人总是看不到远处，现在眼镜铺多了，差不多是送上门来的，如果不去配一副，那不是自弃吗？

然而，戴上眼镜看清周围的事物后，也有看得清的麻烦。胡适举了个例子，以前人们对很多事情都看不到，自然不会将身边不好的事指出来，然而一旦戴上了眼镜，看得清楚了，知道那不好了，就必须要说出来，而这样一说，听的人就会不高兴了。就好比一个人的脸上有许多麻子，你若不说，他不会生气，你若说了，他一定要骂你，或者打你。

然而即便会被骂，会被人们反感，胡适仍建议受过教育的人要认清社会的恶习，进而指出来，对这些恶习进行批评。教育的目的就是为了让人明辨是非，如果受过教育仍然看不出哪些是恶习，对社会处处满意，那么一定是受的教育不对，需要重新接受教育。

胡适说，没有骨子的人在社会上是站不住的。有骨子就是有奋斗的精神，认为是真理，虽死不畏，都要去说去做。由少数变成多数，再由多数变成大多数。就像伽利略当初不满意因为别人造的望远镜，于是自己造了一个扩大几百倍的望远镜，并用它看到了木星现象。虽然当时的人都视他为怪物，但他没有放弃，坚持他的学说和研究。到最后，望远镜竟然成了社会中重要的东西。

胡适建议学生们，一要有知识，二要有图书，并且要跟着时代的发展与时俱进。如果所学的知识不对了，就要换一种去学。如果所掌握的知识落后了，就要不断提升自己的知识量。总而言之，一定要先将学业学好，这样才能真正负担起家庭的责任和社会上的责任。

辗转的而立之年

办《努力周报》

1920年9月左右，胡适病了。这场病持续的时间比较久，连续几个月，胡适的身体都非常虚弱，特别是他一用脑思考，他的脚底就痛得厉害。中医说他得的是脚气病，西医告诉他得的是心脏病，虽然诊断结果不同，但医生给出的建议都是相同的，便是让他多加休养，少些操劳。

胡适的身体状况让他身边的人都十分担心，蔡元培主动提出给他放半年的假，让他静心休养，然而他却不肯。胡适自然知道，只要他留在北大一天，他就一天不得清闲，然而他放不下自己的事业，也放不下自己的理想。最后他决定，给自己一个月的休息时间，在此期间，他谢绝所有应酬，不见任何不相干的客人，并且要保证充足的睡眠和午睡，以便自己的身体快些好起来。

虽然胡适给自己制定了严格的作息时间，并且也尽力去遵守了，然而休假过后，他的身体状况仍然没有好转。直到后来，他服用了一位好友推荐给他的中医所开的药，并连吃了 3 个月，病才好了。

1920 年下半年，北京教育界经费拖欠情况严重，并迟迟无人解决。于是 1921 年春开始，北京 8 所国立院校的教职员工联合罢工，北大也不得不暂时停课。胡适并不赞成这一做法，然而只有他一人反对并没有用，最后罢课还是发生了。罢课持续了大约一年半的时间才结束，为此，胡适在事后感到有些后悔，他说自己这一年半来太"不好事"，才导致如此局面的发生。

停课期间，胡适接到上海商务印书馆对他发出的担任编辑主任一职的邀请，然而他不愿放弃自己的事业，所以没有同意，只是给对方提了几点建议，便回到了北大。同年 9 月，北大复课，胡适又开始了忙碌的工作。

在《我的歧路》一文中，胡适说他回国后一直主张不谈政治，主要是想在思想、文艺上替中国政治建筑一个革新的基础，然而整整两年，他看到社会中只存在一种"高谈主义而不研究问题"的"新舆论界"，这令他不得不出来谈谈政治。在他的朋友丁文江的鼓励下，胡适决定，创办一个能够为社会做些贡献的期刊。于是，1922 年 5 月 7 日，第一期《努力周报》出版了。

在创刊词中，胡适作了一首《努力歌》。他写道："'这种情形是不会长久的。'朋友，你错了。除非你和我不许他长久，他是会长久的。'这种事要有人做。'朋友，你又错了。你应该说，'我不做，等谁去做？'天下无不可为的事。直到你和我——自命为好人的——也都说'不可为'，那才是真的不可为了。阻力吗？他是黑暗里的一个鬼，你大胆走上前去，他就没有了。"

在当时，社会中存在着一种消极的"乐观思想"，认为所有不好的情况都只是暂时的，不久就会过去。胡适在《努力歌》中告诉人们，如果没有人去努力，这些不好的情况就会一直存在下去，如果所有人都在等着别人去努力，想要不劳而获，那么结果只能是什么都做不了。他也曾因为工作太过忙碌，身体又一直不好，所以一直在等着有人去做正确的舆论导向。然而在他等待了两年零 8 个月后，他再也等不下去了，也深刻地意识到等待是没有任何意义的。

在最后，胡适写道："朋友们，我们唱个《努力歌》：'不怕阻力！不怕阻力！只怕不努力！努力！努力！阻力少了！武力倒了！中国再造了！努力！努力！'"胡适连着用了 4 个带着感叹号的"努力"，希望能够以此激励起国人的斗志，努力争取，改良社会。

在《努力周报》上，胡适陆续发表了《我们的政治主张》《我的自述》等文章。他说，他仍然坚持"多研究些问题，少谈些主义"的主张，并称他谈政治的行为属于他实验主义的一部分。

《我们的政治主张》发表于《每周评论》第二期，这是胡适第一次做政论，做完之后，他与蔡元培、陶行知、李大钊等进行了商议，得到了他们的支持和赞成。在文章的结尾处，蔡元培、陶行知、李大钊等 16 人都签了名，向社会表明了这是他们共同的政治纲领。

胡适等人都渴望社会的安定，希望军阀能够适当让步，然而他们的这种主张并没有引起大多数人的共鸣，有些人仍然认为"文化比政治更重要"，希望胡适能够从谈论政治的舞台上走下来，回归那个只谈论文化的胡适。还有一些人则希望胡适能够将全部的心思都投入政治中，成为一名真正的"革命人"。

虽然《努力周报》是胡适和朋友们共同创办的言论舞台，然而在这个舞台上，最主要的人物还是胡适，他是《努力周报》诞生的根源，也是《努力周报》发展的动力。

胡适一生追求自由、民主、法治、人权等普世价值，但他性格温和，所以非常反对暴力，并一直提倡效仿英美的改良之路来救国，而同时，还有一派人却提倡效仿俄法的暴力革命之路来救国，对于胡适等人提出的救国之道大加反对和批评。陈独秀看过胡适的《努力周报》后，也批评胡适所做的只不过是一场"滑稽剧"，并说："兄是相信实验主义的，我是相信唯物史观的。"

在第 7 号的《努力周报》上，胡适专门开设了政治评论栏目《这一周》，他说，他不认为俄国和法国的革命真正解决了问题，"表面上可算是根本解决了，然而骨子里总逃不了那枝枝节节的具体问题。虽然快意一时，震动百世，而法国和俄国终不能不应付那一点一滴的改造……"

无论胡适的一些朋友如何劝他加入革命，然而胡适却只提倡改良，不提倡革命。胡适于 5 月 22 日在《努力周报》发表了文章《关于〈我们的政治主张〉的讨论》。他说:"可改良的,不妨先从改良下手,一点一滴地改良他。太坏了不能改良的,或是恶势力偏不容纳这种一点一滴的改良的,那就有取革命手段的必要了。"

5月28日,胡适在《后努力歌》中写道:"你没有下手处吗?从下手处下手!'干!'的一声,连环解了!"意在提醒人们,想要解决问题,需要按照杜威的思想来行动,先明白疑难的境地,然后指定疑难之点,对解决方法进行假设,根据假设进行推断,得到结果,以确定是否适用,最后确定这一方法是否适用。

在胡适的一生中,性情最坚决,最激烈的时段,当属他办《努力周报》期间。在那段时间里,他一直以来对政治的兴趣,以及渴望表达的情绪都被激发了出来。然而,事情的结果却并不如他所希望。越来越多人不认可他的主张,《努力周报》在南方的销量大减,甚至有人警告他今后言论当谨慎些,提高些。

胡适的朋友汤尔和当时任教育部长一职,他对胡适说,以前读胡适的评论,还觉得有些道理,而当他有了官职之后,才发现胡适的主张没有一件能够对当时的社会起到真正作用。汤尔和告诉胡适,胡适口中的世界与他所在的世界是不同的,并劝胡适不要再谈政治了。

刚听到汤尔和的劝告时,胡适说自己欢迎他的忠告,但也仍然怀着将两个世界拉拢一些的妄想,想让事实和理论更接近一些,并称这是舆论家的信仰。直到近一年之后,胡适才不得不接受谈政治已到了"向壁"的地步这一事实，并不得不将《努力周报》转型，只保留副刊《读书杂志》，并且只谈思想文艺，不再谈政治。

在杭州休养

《努力周报》自创办起，就一直被不同的声音围绕。这些不同的声音大多是针对报上的内容及胡适等人的思想而产生的。胡适整日忙于传播思想，发出号召，已忙得不行，没想到 1922 年夏天，竟然有人在其他杂志上对他不指名道姓地进行了攻击。

那年 8 月，郁达夫在《创造季刊》上发表《文阳楼日记》。他在文章中指出，少年中国学会的余家菊对德国哲学著作《人生之意义与价值》一书的翻译中有许多错误，并以《绪论》里的 4 句话为例，将自己的译文和余家菊的译文放在一起，让大家看看哪一个译得更好。

除了指责余家菊的译作，郁达夫还在这篇文章里大骂新闻杂志界的人都像"清水粪坑里的蛆虫一样"，看着肥硕，其实一点学问都没有，还说有些人跟着外国新人物跑来跑去几次，把几个外国人的粗浅演说糊涂地翻译翻译，便算新思想家了。虽然他并没有指名道姓，但在当时，几乎所有人看过这篇文章后，都会想到胡适。胡适也读到了这篇文章，于是他作了一篇文章，婉转地批评了郁达夫。

胡适首先指出郁达夫的翻译中尽是错误，并一一挑出进行了更正，而后他说，拿浅薄无聊的创作来出版和拿错误的译书来出版是一样的性质，都是在误人子弟。胡适的回敬之文刊登出来后，郁达夫更加气愤，于是两人的笔墨之争就此开始。郭沫若看到了胡适回敬郁达夫之文，心中也有些气愤，于是揪住胡适翻译中的一个小错误，回敬胡适。胡适的朋友见了，也纷纷站了出来，发文章支持胡适，指责郁达夫等人。谁也没想到此事最后竟然持续了长达 9 个月之久。

1922 年 11 月，胡适又一次病倒了，这一次困扰他的不但有脚气病，还有两颗痔疮脓疱，令他每夜两点之后都无法安眠，并且做点事就腰疼背痛。同年的 12 月 17 日是北京大学成立 25 周年的日子，胡适在周年纪念大会上宣布，他已向学校提出休假一年的申请，并且学校也已批准，他将从即日起不再担任北京大学教务长一职。

休假后，胡适去医院做了一次身体检查。起初医院怀疑他有糖尿病，要求他入院观察一段时间。消息一出，他的许多朋友都开始焦急，他的美国的朋友甚至问他是否需要从美国邮寄一些胰岛素。幸好最后确诊此事只是虚惊一场，于是胡适发表了一则《胡适启事》，感谢朋友们的关心，让大家不要再担心了。

虽然糖尿病一事只是虚惊，但胡适知道，自己的身体已经到了必须要休养的地步。如果继续留在北京，学校的事，《努力周报》的事，以及其他各种各样的杂事都会让他没有办法安心养病。最后他决定，离开北京，南下养病，并打算将《努力周报》彻底停刊。

丁文江听过胡适的想法，极力反对。1923 年 4 月，胡适离开北京，先去了上海，又转去了杭州。为了让胡适安心养病，丁文江主动作了几篇长文，发表在《努力周报》上，而这其中以一篇题目为《玄学与科学》的文章反响最为强烈。胡适读过这篇文章之后，深感欣慰，也非常高兴，他甚至想过，如果能够从这个角度去谋发展，《努力周报》或许有机会获得新生。然而他没有想到，在同年10月21日时，《努力周报》最终还是在经费不足、人手不足等问题的困扰下停刊了。

动身前，胡适给南方的朋友们写了信，告诉他们自己的安排，朋友们得知他要来，都非常期待。然而胡适到了南方后，身体却并没有马上好起来。在杭州暂住的日子里，胡适也曾计划先与郁达夫等人见一面，然而到了5月15日时，他的身体仍不见好转，便只得再写信给他们，解释了自己会在《努力周报》上批评郁达夫的原因，并表达了自己想要和解的意向。

胡适在信中表达了他爱惜少年天才，只希望他们做自己的诤友之意。郁达夫对胡适本是崇敬的，只不过因胡适曾经无意间忽略了他请求会面的信件，他又年轻气盛，所以才会产生想与胡适较量一番的念头。如今见胡适主动示好，他自然没有拒绝之理，于是写信给胡适，对自己曾在报上骂人之词作了解释。

郁达夫说他当初骂的是那些心存恶意之人，既然胡适心中没有恶意，那便骂的不是胡适。郁达夫还在信中表示，若是胡适能够诚恳规劝他们，他们只有敬意，而无恶感。郭沫若也回信，一方面表达了愿意聆听胡适诚恳教诲之意，另一方面希望胡适的身体可以早日康复。

5月25日，胡适感到身体稍好，便去拜访了郁达夫等人。两日后，郁达夫等人也上门拜访了胡适。此后，他们之间的争执彻底结束，一切误解也都烟消云散了。

误会解除后，胡适与郁达夫等人的来往也变得密切了许多。虽然在刚开始接触时，双方都略有些尴尬，不知如何交往，但随着接触的次数增加，并且又对社会抱有革新的看法，几人之间的交谈也渐渐自如了。胡适第一次与郁达夫、郭沫若等人一起饮酒时，大家都不小心喝得有些醉。郭沫若得知胡适曾读过他的《女神》五日，兴奋地上前拥抱并亲吻他。虽是酒醉之后的行为，但也由此可见，他们此时已成了朋友。

从4月到6月间，胡适频繁往来于杭州和上海。6月8日，胡适又回到了杭州。随后，他邀请了人在绍兴的蔡元培来杭州游览。蔡元培应邀欣然前往，于是两人在杭州一起游览了南山，又一起去了烟霞洞。

烟霞洞的南面有间寺庙，名为"清修寺"。该寺的住持金复三是蔡元培的朋友，所以胡适和蔡元培就在他这里用了餐。烟霞洞十分安静，风景怡人，非常适合清心休养。金复三居士人很和善，做斋菜的手艺也很好。于是胡适决定搬到此处休养。

6月24日，胡适搬入了"清修寺"大殿旁边的斋舍。金复三居士有时做了斋菜会主动邀请胡适共同享用。胡适与他相处得很好，并曾作过一首诗送给他。后来胡适见此地环境好，房租又便宜，便将他在北京的侄子思聪也叫过来与他一起休养。暑假时，胡适的表妹曹诚英过来看望他们，照料他们的起居，直到开学了才离开。

胡适住下后，曾数次邀请当地的好友前来相聚，也不时有他的朋友前来探望他。有一次，徐志摩去了烟霞洞，本想见一见胡适，却得知胡适与金复三居士夫妇等人一大早就出门去了桃花坞。徐志摩心中有些失望，只好捡了几张红叶，说了句也算没白来一次，便离开了。

1923年8月10日，中国科学社在杭州召开了第八次年会。除了星期天，这次年会一共持续了4天，14日才结束。胡适虽然因为身体不适，没有在会上进行长篇演讲，但是在休息的那一日，他被邀请到浙江暑期学校进行了一次演讲，所讲的内容是他已讲过五次的"科学的人生观"。

在那次演讲中，胡适提到，科学的人生观应是把科学的精神、态度和方法作为人生观。他说，科学方法有5个特点：特殊的，不是笼统的；疑问的，不是盲从的；假设的，不是武断的；试验的，不是固执的；实行的，不是空谈的。这5个特点都表明了胡适一直信奉的实验主义哲学。

居住在优美的山水之中，总会让人身心愉悦，何况在这里，不但少了许多重担，不受外界干扰，可以静下心来调养身体，还能时常与好友和亲人一起出去游玩。在杭州居住了数月后，胡适的身体好了许多，精神也好了许多，面色红润，身体也不再像之前那样消瘦。胡适的朋友们见了都为他感到高兴，胡适也非常高兴，并感到了前所未有的轻松和幸福。

科学的精神

在杭州养病的日子里，胡适极少参与工作和演讲，生活安逸而悠闲。然而这样的日子并没有持续太久，1923年10月4日，胡适离开了烟霞洞，去了上海。

到达上海后，胡适才发现外面的世界又发生了变化。上海的朋友本不希望胡适在此时回来，但胡适已经回来了，他们便希望胡适先不要回北京去。几位朋友与胡适就《努力周报》的前途召开了一次讨论会，最后决定，暂停出版《努力周报》，保留其副刊《读书杂志》。

胡适在最后一期《努力周报》上登出了一则"胡适启事"，解释自己回到上海复查后，被告知身体健康仍然十分不好，并被医生嘱咐不许太过辛劳，所以决定停办《努力周报》，并说待到复刊时，会将周报改为月刊等。

丁文江于1923年4月针对北大教授张君劢《人生观》的演讲所做的《玄学与科学》一文引发了一场有关思想文化大争论。在这之后，除了丁文江和张君劢两人，梁启超、张东荪、林宰平、胡适、王星拱、吴稚晖等人都加入了这场论战之中，令思想学术界中涌现了大量关于"玄学与科学"之争的文章。后来，亚东图书馆的汪孟邹将这些文章汇集起来，打算出一本名为《科学与人生观》的文集。得知胡适回到了上海，他便找到胡适，请胡适为此书做一篇序。

胡适答应了汪孟邹的邀请，在这篇序中，他提出应当"拿今日科学家平心静气的，破除成见的，共同承认的'科学的人生观'来做人类人生观的最低限度的一致。"

胡适深信人生观是随着知识和经验的变化而变换的，所以他深信宣传与教育能够让人类在人生观上达成一致。但想要得到这一结果，却不能采用武力统一，而是应该用光明磊落的态度、诚恳的言论去进行宣传，对人们进行教育。也许一开始这只是少数人的信仰，但是随着时间的增长，它也会成为更多人的信仰。

胡适将科学的人生观称为"新信仰"，他知道新旧信仰之间必然会发生冲突，但是他希望信奉两种信仰的人可以尊重对方的人格，能够承认那些与自己信仰不同的人不一定都是坏人或者笨人。分歧可以有，但在争论时要保持一种"容忍"的态度，要认清真正的敌人不是那些与自己信仰不同的人，不是思想，而是"成见"。与其说他们是在向旧思想和旧信仰作战，倒不如说他们是诚恳地请求旧思想和旧信仰势力下的人向"成见"和"不成熟"作战。他愿意将所有肯用思想来考察自身成见的人都视为他们的同盟。

英国物理学家赫胥尔的儿子死后，有人劝赫胥尔信教，赫胥尔没有说信，也没有说不信，而是请对方拿出有上帝的证据来。最终，对方没能拿出任何证据，赫胥尔也没有信教。胡适十分欣赏赫胥尔的这种态度，因为赫胥尔并没有从主观视角去决定接受或不接受，而是从"证据"这一角度出发，以证据为相信的条件。没有证据，就不相信。

胡适一向把"拿证据来"视为科学的精神。英国著名生物学家赫胥黎曾说过:"必须要严格的不信任一切没有充分证据的东西。"胡适对这句话非常认同,也非常赞成赫胥黎将"我相信什么"和"我不相信什么"视为人生最神圣的举动这一观点。虽然许多人都将寻求真理视为科学的精神,但胡适觉得这样的定义太过广泛,远不及"拿证据来"这4个字更加简单明了。

胡适的"拿证据来"主要包括两方面:其一是要严格的不信任何没有充分证据的东西;其二是无论证据可能带我们到什么危险可怕的地方,都要跟着证据走。许多年后,胡适听说一家报纸上登了一位名人活到120岁时才去世,于是他对此人自传上的内容进行了考证,发现此名人称其父曾任某三府的知府,然而在这三府的《府志》中,均未出现过其父的姓名。因为找不到证据,所以胡适不敢相信这位名人真的活了120岁。

对于科学的方法,胡适将它们总结为十个字:"大胆地假设,小心地求证。"他说,历史上许多著名的科学家都是用这样的方法对问题进行分析和研究的。实验科学就是要先提出问题,找到问题的中心和重点,进行假设,用演绎的方法得到某种结果,最后找到证据或从实验中证实它。胡适说,假设时可以大胆,假设也可以是错误的,但是在求证时必须格外小心谨慎。

想要采用科学的方法,首先要有怀疑的态度。有了怀疑的态度,就不会轻易上当。胡适幼年在乡间学到的知识大多是从一些不曾受过教育的人口中得知的,起初他听了便信,然而随着书读的越来越多,他也开始学着质疑那些知识。有了这样的态度,他渐渐发现许多知识都是错误的,并不再盲从乡人们所说的话。长大后，也是这样的态度使他对任何主义都不盲从。

科学的方法是尊重事实。在胡适看来，不尊重事实就相当于店里生意不好，不去想办法解决，而是看着"对我生财"的条幅泄闷，又相当于一个人生了病不去看病，而是想要靠着画符把病治好一样。他说，只有做切实的工作，并且奋力地去做，才能真正得到想要的结果。

具备了讲究证据的精神，习惯怀疑的态度，实事求是地去做，为的是追求真理，但在追求真理的道路上，并不是每个人都能成功。胡适明白，真理是无穷的，去寻求真理，为的是尽一点责任。哪怕明知这场赛跑中只有一个人能得第一，也要去跑，不是为我为私，而是为大家。

1923 年 12 月，胡适回到了北京，住在了西山秘魔崖。次年1 月，他在《读书杂志》上发表了《戴东原在中国哲学史上的地位》一文。在胡适心目中，戴东原是中国思想史上的 3 大重要人物之一。他说，800 年来，中国思想史上出了 3 个极重要的人物，每人画出了一个新纪元。一个是朱子，一个是王阳明，一个是戴东原。

戴东原是清代乾隆年间的著名学者和大思想家，本名戴震，字东原。胡适说，王阳明将格物致知的一条路子封闭了，专做向内的工夫，强调致知是"致良知"，是致那不学而能的良知，以至于王学盛行之后，什么人都可以高谈心性，什么格物穷理的话都成了陈腐之谈，弄得一班士大夫空疏不做学问；戴东原则不然，他本就对朱学有很深的研究，所以他的学说最反对王学，而又不是朱学复辟，颇近于朱子格物穷理的精神，而又有根本的和朱子大不同的地方。这就是此人最令他欣赏的一点。

胡适将程朱的"主敬"和王学的"致良知"都视为是"躲懒的捷径，不是正路"，而将戴东原的"致知穷理"视为正路。他说，戴东原能够把那从剖析推求得来的见解，再用演绎的法子应用到古今的事实上去，若能条理贯通，不留余议，方才是证实的真理，方才是十分之见。这真是科学家的态度与精神。

胡适也非常赞成戴东原"剖析至微"的治学方法，也就是科学的方法。他认为戴氏做学问的方法所以能有大成绩，正靠其凡事"必就事物剖析至微"。在《戴东原在中国哲学史上的地位》一文的结尾处，胡适写道："在哲学方面，二百年来，只有一个焦循了解得一部分；但论思想的透辟，气魄的伟大，二百年来，戴东原真成独霸了！"

虽然庄子曾说过"吾生也有涯，而知也无涯，以有涯逐无涯，殆已"的话，但胡适仍然愿意坚持追求真理，并希望其他人也可以这样去做。他说，有了这种精神，做人就不会失望，人生的意味也在于此，全靠自己的工作，你要它圆就圆，方就方，是有意味；因为真理无穷，趣味无穷，进步快活也无穷尽。

坎坷的日子

胡适一向注重积累和努力，创办《努力周报》时，他所做的《努力歌》就是想要号召人们不要懒惰，要努力奋斗。然而在当时的社会中，有一些人总是对事情很消极，很懒惰，不愿努力去做事，做研究，做学问，并以为这样的懒惰就是想得开，看得开。胡适见到人们这样的心态，心中有些担忧。胡适清楚，如果一个国家的人都变成这样的人，那么这个国家就要完了。于是1924年，他写了一篇《差不多先生传》，发表在6月28日的《申报·平民周刊》第1期。

胡适笔下的这位"差不多先生"只是个普通人，却也是"中国最有名的人"，谁都知道他，谁都会提到他。他的长相很普通，和其他人差不多，他的眼睛不太能看清楚东西，耳朵不太能听清楚声音，鼻子和嘴也是一样不灵光，对气味和口味都不讲究。不仅如此，他的脑子也不好使，无法记住身边发生的事情，也无法对事情进行详细的思考。

在这篇小传中，胡适列举了差不多先生一些让人啼笑皆非的例子。小的时候，他的母亲让他买红糖，他却买了白糖回家，并在母亲责备他的时候反问道，"白糖和红糖不是差不多吗？"上学后，他在先生提问时将正确答案山西回答成了陕西，先生说他错，他却说陕西和山西也差不多。后来，差不多先生去了一个钱铺当伙计，记账时总是将"千"字和"十"字弄混，并在掌柜骂他时赔着笑说这两个字其实也差不多。

有一次，差不多先生有急事需要赶火车，他却不急不忙地出门，最后迟到错过了火车。他不但不去考虑解决的办法，反而认为明天去也是差不多的，并且埋怨火车公司太过认真，再晚两分钟开车也是差不多的。

"凡事只要差不多就好了"是差不多先生的口头禅。然而最后，他却死在了这"差不多"上。有一天，他得了急病，叫家人去请汪大夫，家人却错请了给牛看病的王大夫。差不多先生想，汪大夫和王大夫差不多，便让王大夫给他治病，结果王大夫用了治牛的方法治他，将他治死了。

临死前，差不多先生还在讲他的口头禅，说活人和死人其实也差不多，不需要太认真。别人听了，都觉得他想得开，看得破，是一位有德行的人，所以才会一生不肯认真，不肯计较。于是，大家称他为"圆通大师"，并将他的事情向外传了出去。到后来，越来越多的人学习他的方式，人人都成了差不多先生，国也就成了一个懒国。

胡适这篇《差不多先生传》事实上是一极具讽刺意味的小说，在当时的社会中，这样的人很多，胡适写此文一方面是为了批判、告诫后人差不多的危害，一方面也希望使人们从这样的消极懒惰的心态中醒过来，遇事认真思考，认真生活，勇于承担责任。他所列举的买糖、念书、记账、搭车、治病之类的事都是生活中常见的事，这样便更能让人理解，也更能让人往心里去。

胡适用看起来幽默的语调和笔触写了这样一篇文章，而事实上，就在 1924 年这一年里，他过得并不顺利，甚至可以说坎坷重重。这些坎坷中有一些来自工作，有一些来自家庭。其中，最令他痛心的便是他的小女儿素斐的病逝。

素斐自小身体虚弱，却十分聪明，虽然没上过学，但是只要家人给她口述过几遍诗歌，她都能跟着读下来。1923 年 11 月左右，素斐开始生病，病至两个月左右时，病情加重，转为了肺

炎，几个月后又转为肺痨和脊骨炎，不得不住院治疗。素斐住院
的半年中，胡适两次绝望，虽然素斐两次都坚持过来，然而她的
身体状况却一再变差，最终于 1925 年 5 月去世了，那时她刚刚
5 岁。

胡适非常自责，甚至在几年后仍无法释怀，认为自己太忽
略对女儿的照顾，没有在女儿刚一生病时让她接受最好的治疗，
才让女儿那么小便离开了人世。可见此事对胡适的打击是十分
巨大的。

除了女儿的病逝，另一件让胡适不得不暂时离开北京的事情
起源于 1925 年初。2 月时，胡适被邀请参加一场"善后会议"。
胡适不主张王室存在，也不赞成复辟，但是因为一向主张和平，
认为在解决问题时，召开会议总是比武装对打要好，所以他最后
同意参加这场会议。

胡适同意参加"善后会议"的消息一传开，便遭到了不少
人的指点和责骂。有人认为胡适支持复辟一事，提出将胡适赶出
北京。有人写信给胡适，提醒他参加这样的会议只不过是对牛弹
琴，牛无知音，不会有什么收获。他的好友汤尔和也劝他不要参
加，认为会议的其他与会人员与胡适完全不是同道中人，担心胡
适被人利用。

胡适十分感谢好友的担心，但他说，他将不怕被骂，愿意参
加"善后会议"，是因为自己的主张与此稍接近，不愿意学时髦
谈国民会议，也看不过一般人的轻薄论调。话虽如此，但胡适最
终还是在会议开了不到一半时主动退了出来。

胡适参加这次会议，是因为他觉得，既然是善后会议，就应当以全国停战的条件为开会基础，然后尽力解决问题。然而事实是，参加会议的各方仍然相互敌对，想要用武力解决问题，这让胡适感到失望。胡适知道，那些人既然没有诚意，那么会议上所提的尽善尽美的议案也不可能被执行。所以他最后说，若在战事期中继续开会，他只好不出席。说完便退出了会议。

还有一件影响到胡适的事，是他曾在《现代评论》上发表过一篇题为《爱国运动与求学》的文章。《现代评论》创办于1924年12月，自创办后，胡适就被邀请为撰稿主笔之一。然而之后发生的一些事情让这一刊物遭到了批判，作为主笔之一的胡适自然也少不了被人指责。

此外，因为在有关北大是否脱离教育部，独立的问题上，胡适由于不支持北大独立，也遭到了一些教授和几乎所有学生们的不满。这一系列的事情叠加在一起，让胡适心力交瘁，身体状态也变得很糟，于是那年10月，胡适向学校请假，去了上海休养。

1926年初，英国国会通过了退还中国庚子赔款议案，于是派人到中国进行访问，并制定该款使用细则。"中英庚款顾问委员会"在上海召开了会议，对如何退还庚子赔款使用问题进行了商讨和研究。当时，胡适身为"中英庚款顾问委员会"的中国代表之一出席了会议，并陪同其他成员在国内多地进行了考察，听取各方面人士的意见。

忙于庚子赔款一事的胡适并没有忽略宣扬自己的"学术救国"思想，1926年3月，他在上海大同大学给学生们讲了有关法国科学家巴斯德和那瓦尔西的故事。他说，那瓦尔西的去世导致法国没有人再去研究科学武器，所以才会在普法战争中大败。而巴斯德因为意识到导致法国在普法战争中失败的主要原因是法国的科学不够发达，于是努力研究科学，成功地做成了"制酒""养蚕"和"畜牧"3 件大事，取得了巨大成绩，发展了法国的经济，不但填补了赔款金额空缺，还有剩余。

胡适曾在北大的一次演讲中说，他很想去欧洲，找一处地方，专心地研究学术，再也不回来，但他不能那样做，因为他的良心不允许他那样做。他说，救国不是摇旗呐喊就可以，而是要有很多的人投入学术事业中去，实事求是地努力去做，没有科学，打仗和革命都是不行的。

7 月 17 日，胡适踏上了前往欧洲的列车，去英国参加"中英庚款顾问委员会"全体会议。

去国外游学

前往欧洲的车程很长，一路上可做的事情却很少，于是胡适打算利用这段时间给几位好友的新书写些东西。胡适称陈垣的《二十史朔表》为一部最简便的 2000 年中国史的日历，他说，这本书不但为古代学者做了总结，还给世界治史学者作了一种极有用的工具。

顾颉刚的《古史辨》被胡适称为既是一本中国史学界的革命书，又是一本讨论史学方法的书。胡适说，这本书可以解放人的思想，可以指示做学问的途径，所有研究历史的人都有必要读读这本书。对于顾颉刚的治学方法，胡适极为赞同，称顾颉刚是中国古史学中第二个提倡革命的人。除了上述两本书，胡适还为陈衡哲的《西洋史》一书写了推荐性的文字，说此书是中国治西洋史的学者给中国读者精心著作的第一部西洋史。

1926 年 7 月 29 日，胡适到达了莫斯科，并受到了中国驻苏联大使馆工作人员的热情接待，当地的中国留学生们听说胡适来了，也都非常激动地赶到火车站迎接他。时间充足，于是胡适在此地停留了 3 日，先参观了革命博物馆，又和两位美国的大学教授一起参观了莫斯科监狱。在这 3 天里，他与两位美国教授对苏俄的教育进行了了解，并进行了一些讨论。他还接到了当地中山大学的邀请，为学生们做了一次演讲。

苏联给胡适留下了不错的印象，是因为胡适在这里见到了一些追求理想和怀着理想主义的人。虽然这些人的一些理想对于热爱自由的人来说难以理解，但是他十分佩服这些人的专心和执着。胡适认为，这些人非常认真，有抱负，有担当。他说，国人也应当学习苏联人的这种精神，学会勇气和担当，认真做事。

在苏联虽然只待了 3 天，但胡适却颇受鼓舞和振奋，因为他所见到的一切都证明他提倡的"教育救国"观点是正确的。在写给徐志摩的信中，他指出，救国应当从思想学问下手，这是逃避不了的问题，并说中国会被其他国家欺负，落得如此糟糕的田地，都是中国自己不争气的结果。救国需要自省，而不是一味责备别人。想要救国，必须向自己家里做一点彻底改革的工夫。

胡适这样说，令一些人感到诧异，以为他开始赞成苏联的社会主义，然而胡适却说，他只不过主张"那比较平和比较牺牲小些"的方法，他想将这种方法叫作"新自由主义"或"自由的社会主义"。

8月中旬，胡适与其他人一起到了英国伦敦。与其说他是去参加"中英庚款顾问委员会"的全体会议，倒不如说他是去学习的。会议只开了短短的几天便结束了，胡适却在欧洲住了将近5个月。在这段时间里，他只参加了少数几次会议，而将更多的时间花在了伦敦和巴黎两地的图书馆和不列颠博物院中。就连他35岁的生日都是在不列颠博物院中度过的。

不列颠博物院是胡适到达英国之后第一个去的地方，对于胡适来说，这里有许多珍贵的宝藏，比如古时被英法等国的商人从中国偷走的，曾藏于敦煌千佛洞石室中的古代书卷。12月17日的深夜，在不列颠博物院校读了一整天书的胡适突然想起今天是自己的生日，不由感慨自己太久没有读书，一年多都没有做过一篇规矩的作品，今天读了这么多珍贵书卷，总算是有些成绩，这个生日也算过得值了。

胡适在出国前已开始编写《中国中古哲学史》，在涉及神会和尚的内容时，因为资料不足，所以不得不暂时搁浅。如今，能够在国外发现大量相关资料，胡适自然欣喜万分，如饥似渴地阅读。

胡适在伦敦住了10天后便前往巴黎，去巴黎国家图书馆寻找敦煌卷子。这里果然没有让他失望，仅仅不到3天的时间，胡适就发现了一卷有关神会的卷子。之后，胡适又在此处发现了许多与神会和尚有关的资料，并根据历史资料对这些资料进行了甄别和筛选，去除了传说和神话，还原了历史的本来面目。

在巴黎期间，胡适主动拜访了巴黎法兰西学院的伯希和教授，并在教授的帮助下进入了"写本书室"，读到了大量他需要的素材。对于胡适这种为了做学问锲而不舍的精神，许多人表示出了敬佩之情，并有人写信给他，称他是自己心中的英雄，是维持民族命运的栋梁，并诚心希望胡适能够在学术上取得成功。

会议结束后，胡适只需将会上的内容，比如做了什么计划、赔款如何使用、董事会的组织结构等写成中英报告，分别交到中英双方政府手中，便完成了任务。没了公事的牵绊，胡适更加轻松自在，他可以应邀去英国的各所大学中进行演讲，也可以花更多的心思在学术上。当他离开欧洲时，他一共在伦敦和巴黎读到了敦煌卷子150卷，并抄阅了大量禅宗资料。

1926年除夕，胡适离开了欧洲，前往他曾经生活了多年的地方，远在大洋彼岸的美国。这次去美国，胡适主要的任务是去取他的博士文凭。虽然他已毕业多年，并且于1922年就已出版了规定数量的论文，然而由于论文是在他回国之后才印刷并出版的，并且一直没有上交给学校，所以哥伦比亚大学一直没有给他颁发博士学位证书。

1927年1月12日，胡适到达了美国纽约，并在到达后的第二天立刻去拜访了他的老师杜威。29日，杜威请胡适吃饭，并邀请胡适去哥大做演讲。胡适本想拒绝，早1926年9月，他就在写给好友的信中提及，如果他到了美国，他只想探望一些老朋友，不想做任何公开的演讲，因为他不认为自己有任何值得讲给欧美听众的东西。

胡适本人非常排斥那种为了讨听众喜欢而去刻意迎合听众喜好的演讲，但是西方思想早已对他影响深远，使他难以歌颂东方的文明，或者批评西方的文明，如果他真的进行演讲，他对西方文明的赞扬必然会令西方人感到他在刻意迎合听众，也会令一些想从他口中听到所谓"东方"信息的人失望。然而最终，他还是答应了杜威的邀请，进行了一次学术方面的演讲。无心插柳柳成荫，胡适本想随便讲点有关中国哲学 6 个时期的内容，然而在准备演讲稿时，他竟然越写兴趣越大，最后竟然列出了一本书的大纲。

在纽约期间，胡适参加了一次"两周讨论会"。此次讨论会的题目是《我们这个时代应该叫作什么时代》，其中一位劳工的发言让胡适对其称赞不已。美国已不是他留学时的美国，看到这个国家中方方面面的变化，以及人们不断进步的思想，胡适不由感叹，在美国这样的国家是不会发生社会革命的，因为这个国家每天都处于一种渐进的社会革命之中。

胡适在美国看到了许多国内看不到的景象，最让他惊讶的就是汽车的普及，美国大学的教员都是自己开着汽车去学校上班，住在乡间的孩子每天可以乘坐公共汽车上学和回家，村民们每天用汽车将牛奶和鸡蛋等食品运输到城里。即使是干木匠和泥水匠这样工作的人，也都是骑着摩托车上工的。胡适曾在费城的郊外一处工地附近看到一二百辆摩托车，他的朋友告诉他，这些摩托车都是工地工人的。

除了汽车的普及，美国的各种先进文明都让胡适感叹不已。也使他更加认可西方的文化。

3月4日，胡适坐火车去费拉达尔斐亚城演讲，途径绮色佳，在那里停留了八九天左右。对于这个自己生活学习了7年的城市，胡适有着特别的感情，就像他曾在写给--同留学的友人的诗中所提到的，绮色佳是他们的"第二故乡"。然而绮色佳再美，再令人留恋，胡适最终还是要离开它。在欧美游学了10个月之后，胡适动身返回祖国。

游学归国兴教育

上海新生活

　　胡适于 1927 年 4 月 12 日从美国西雅图动身回国。4 月 24 日，船至横滨时，胡适收到了好友丁文江写给他的信。信中说，国内形势有变，希望胡适暂时在日本停留一段时间，从事学术演讲或专心做研究，不要立刻回国。胡适有些诧异，于是给国内其他朋友发电报，想要问明详情。两日后，高梦旦给他回了电报，简单向他说明了国内情况，同时也劝他暂时不要回国。

　　此时，胡适心中尚且有些犹豫，然而随后顾颉刚的信也到了。在信中，顾颉刚十分诚恳地劝他将事业完全放在学术方面发展，政治方面就此截断，并以 10 年来追随胡适的资格奉劝胡适，千万不要回北京，以免陷入两难的境地，并被牵扯到不必要的麻烦之中。胡适仔细考虑了朋友们的劝告，最后决定在日本多留一些日子。

胡适在日本停留了 3 个星期。在这期间，他一边游历，与一些在日的学者们进行学术上的交流，一边考虑回国的问题。最后，他决定先回上海，并回归自己学者的身份，以学术著述为主要事业。于是胡适于 5 月 17 日从神户乘船回国，并于 20 日抵达上海。

胡适在上海租下了一处安静的房子，打算不问政治，在这里专心读书和写作，并将妻子和两个儿子一并接过来与他同住。1927 年 6 月，教育部改为大学院，蔡元培被任命为大学院长。蔡元培邀请胡适任大学院的委员，胡适直言拒绝，表明自己无法认同大学院的教育方式和理念，请蔡元培勿发表为感。然而蔡元培坚决不同意，胡适只得勉强参加了大学院的会议。

有一次会议中，蔡元培提出要将北京大学更名为中华大学，并任命李石曾为校长。胡适从骨子里反感那些官僚政客，在他看来，李石曾派别观念太深，不适合做大学的校长，于是他立刻表示反对由李石曾出任校长一事。他没想到此言一出，立刻有李石曾的朋友跳出来极力反驳他，并且当场怒斥他。这件事让他彻底厌倦了大学院的会议，于是事后他写信对蔡元培说，他从此再也不会出席这样的会议，因为这种只认朋友，不问是非的会议对人对己都是毫无益处的。

1927 年，丁文江辞去了美国庚款委员会董事的职务，并推荐胡适接替他的位置。胡适当时已是英国庚款委员会的董事，本不想再添一职，然而英国庚款委员会的事务短期之内无法实施，他的许多朋友又都鼓励他接下美国庚款委员会董事一职，最后胡适接受了这一职位。同年 6 月，胡适被选为"中华教育文化基金董事会"的董事，从此与此董事会结缘。

6 月 27 日，《申报》上刊登了一篇《新月书店启事》，启事中说，新月书店的成立是为了鼓励出版事业，在教育和文化上有点贡献。启事中提到，他们的一些朋友或是写了书没有适当的地方印行，或是搁笔太久，所以他们决定开这样一家书店，"一方面印书，一方面代售。预备出版的书，都经过严格的审查，贩来代售的书，也经过郑重的考虑。"

启事的结尾署了 8 位创办人的姓名，排在第一位的就是胡适，除了他以外，另外 7 人也都是当时文化界的名人。郁达夫在拜访了新月书店后，认为这家书店的主办人或有人脉，或有财力，大约能在出版界上占一个势力。

在署名中，胡适的名字排在最前面，可见他是这个书店的领衔人物。事实也是如此，新月书店采用的是股份制企业形式，设有董事会，胡适为董事长，余上沅为经理兼编辑主任，闻一多与徐志摩、梁实秋、张嘉铸、潘光旦、饶孟侃、丁西林、叶公超、刘英士、胡适、余上沅 11 人为董事。书店的创始资金是由各位股东一起筹得的，股本 2000 元，出于节制资本，每人一股，大股 100 元，小股 50 元。

胡适虽然身为新月书店的董事长，但股本却并不多，只有 100 元的大股，而且无论在社交关系方面或是书店经营方面，他能尽到的力量都比不了其他人，唯一能出力的地方，就是为新月书店提供出版的稿件。于是，他决定将《白话文学史》修改出来，作为新月书店出版的书籍。

《白话文学史》本是胡适在"国语讲习所"时所写的"国语文学史"讲义，在他出国游学时，北京文化学社曾经未经他的许可，将他的这套讲义出版成书，并作为参考书发给了学生。由于北京文化学社只印了1000册，并且不是出于营利的目的，胡适也就没有责备他们。但是这套讲义毕竟只是胡适讲课时的草稿，其中有不少内容不够完善，理解也不够成熟，所以胡适感觉与其就这样出版，倒不如自己将它修订之后再正式出版。

胡适的参考书都在北京，没有随身带着，幸好在上海有朋友帮他借资料和校对，《白话文学史》才得以顺利进行。由于稿子催得紧，所以胡适常常是完成一部分，便送到书店印一部分。就这样，上卷很快完成了。

新月书店开业不久，曾经的新月同人们有了创办《新月》杂志的想法。从产生这个念头到杂志的正式创办经历了半年左右的时间，其中曾发生过一场不太愉快的小风波，为此胡适甚至提出要辞去董事长和书稿审查委员会委员职务，要求新月书店退还他的股份以及经他招来的3股，同时取回已排好的350页《白话文学史》的纸版，另行出版。在徐志摩等人的协调下，胡适脱离新月一事最终平息，《新月》杂志也于次年3月开始发行。

1927年8月，胡适受聘于光华大学，任教授，每周3小时课时。次年，他又在东吴大学法学院兼职，开设讲座，同样是每周3小时课时。虽然总课时不算长，然而需要往来于两地，也花费了他不少的时间，所以他每周只有 3 个整天和 4 个下午可用来写作。有时到了周末，有宾客到家中拜访，他还需要招待宾客，等到宾客走后才进行写作。

胡适对待访客一向随和，给人以平易近人的感觉。一次，曾在北京女高师听过他课的两位学生去看望他时，他刚好在吃着家乡的烤饼，于是对两位学生讲起了烤饼有关的故事，称这种烤饼是徽州人成功的"国宝"，令徽州人走遍天下都没有困难，又引出了徽州人勇于向外发展，积极进取的精神。他说，正是因为徽州人既具备勤俭、守信等品质，又勇于进取，所以各种店铺都喜欢用徽州人。

1928 年初，江冬秀带着小儿子回胡适的老家主持重修坟墓一事，留下胡适独自照看大儿子祖望。胡适第一次一个人带孩子，自然对儿子关怀备至，花了不少的心思。见祖望晚上时常出汗，他特意带祖望去医院做了详细的检查，直到医生说祖望的身体并无异常，他才稍稍松了口气。

1928 年 3 月，中国公学中闹起了学潮，学生们要求改革校务，撤换个别教员，这一闹就是一个月。起初，学生们只是罢课抗议，见学校不答应他们的要求，他们便封闭了教室和办公室，甚至包围了校长的住宅。校长何鲁实在无能为力，于是向学校董事会提出了辞职。

学校不可一日无校长，学校董事会进行了一番研究后，打算让于右任和蔡元培接任校长之职，可是学生们认为他们二人身兼数职，怕他们二人无精力专心办学，于是不同意。思量再三，董事会派人去请胡适担任中国公学校长一职。胡适拗不过董事会的再三请求，最后不得不同意暂任校长两个月。学生们听说胡适将任中国公学的校长后，竟然都十分高兴，并对他表示出了热烈的欢迎，学潮也得以平息。

任中公校长

1928 年 4 月下旬，胡适正式出任中国公学的校长。在任职演说中，他向同学们介绍了中国公学是如何成立的，其目的是什么，以及中国公学多年来所经历的艰苦。他告诉学生们，中国公学最重要的是一个"公"字，这让学生们听过之后深受鼓舞。

当时的中国公学面临最大的问题是经费不足，另外学校的结构也存在很大的问题，只有 300 多名的学生，却设立了 4 个学院，17 个学系。胡适认为，就当时的情况来看，想要建立一个完善的大规模大学是不现实的，想要解决中国公学中存在的问题，就必须对学校进行改革。

胡适首先裁掉了工学院和法学院，将剩下的院系进行合并和改组，最后形成文理学院和社会科学院两个院，旧的商学院改作商学系，隶属社会科学院，其余 6 个系分别为中国文学系、外国文学系、哲学系、数理学系、史学社会系和政治经济系。胡适自己兼任了文理学院的院长，并请高一涵任社会科学院院长。胡适的这一举措对于课程安排和学生的全面培养都起着有利作用，同时也能节省大量教学经费，让学校在经济上的压力得以减轻。

对于学校的组织和规章制度，胡适也大刀阔斧地进行了改革。组织结构方面，他制定了校务、教务会议组织大纲，成立了学校章程委员会，并改组了校董会。规章制度方面，胡适通过了《中国公学校董会章程》和《中国公学组织大纲》。此外，他还明确规定了学校的宗旨，并对校长和董事的具体职责进行了明确规定。

在聘用教授时，胡适除了继承了蔡元培"兼容并包"的作风，"不分派别，不限资格"，只注重学术水平和能力外，也有他自己的原则。能够被他选中的教授不但要有出众的学识，还必须有新思想，新学识。比如中国文学的教授就必须既有扎实的旧学基础，又对新知识有一定的研究。

胡适在选聘优秀教师时不拘一格，只要对方有真才实学，无论学历高低，都可以被聘用。正是坚持这样的原则，胡适才会聘请了只有高小学历的沈从文为中国公学的老师。

沈从文刚刚收到胡适的邀请后，心中十分忐忑，在给胡适的回信中，他说自己不敢入中国公学教书，一是怕学生们失望，二是怕让胡适难为情。如果学校方面不至于弄笑话，他可以试教一学期。

胡适聘请沈从文时遭到了许多人的反对，理由是虽然此人发表过一些文学作品，但毕竟学历太低，不得登高等学府的讲台，而且沈从文一向不善言辞，恐其登上讲台之后也没有办法从容自如地授课。事实证明，其他人的担心不是没有道理，沈从文初次登台授课时，因为太过紧张，站在讲台上足足40分钟都没能说出一个字，最后不得不用粉笔在黑板上写下了"我第一次上课，见你们人多，怕了。"然而之后的几次课中，沈从文渐渐适应了课堂的气氛，课讲的也一日比一日好了。

胡适只认准一件事，只要确是有才学之人，便有资格任教中国公学。当听到有人质疑沈从文这种上了讲台就说不出话的人竟然也能当老师时，胡适却认为沈从文虽然讲不出话来，却也没有被学生轰下台，这本身就是一种成功。后来，沈从文在中国公学的成绩也足以证明胡适的选择是正确的，有些毕业生在给他写信时也特别指出，他们的进步与胡适、陆侃如、沈从文等人的思想言论是分不开的。

在胡适的努力改革下，中国公学的风气发生了大变，学校内思想自由，教职员工同心协力，积极向上，教学方法新颖。学生们也一改以往的散漫，开始认真向学，戒除了不良习惯。

胡适认为教育是否能够成功，与教育所处的环境息息相关，所以他对学生中的不良现象进行了整治，对于那些不注册、不上课、打架斗殴、使用假文凭的学生，一率开除。同时，他积极提倡学生写作，提升学生们的读书兴趣，支持学生们创办刊物，于是在校园中，《吴淞月刊》《中公学生》《中国文学季刊》等刊物纷纷涌现。

为了鼓励学生们积极学习，胡适设立了奖学金，奖给每年全校成绩最优的五名学生。如此一来，学生们学习的动力更大了，学校内的学术氛围也更浓了。

1929 年春，胡适在开学典礼上告诉学生们，一个大学生能够在学校里用功的话，将来到社会上去才会成为一个良好的器皿，没有一个现代成名的人在大学时是不用功的，也没有一个在大学时荒唐的人会在社会上站得住。当社会渐渐上了轨道之后，靠着机会的侥幸者一定会没落，只有那些真才实学的人才不会被社会遗弃。学生们听过之后心中都非常触动，一名叫罗尔纲的学生甚至流下了眼泪。

胡适对待学生一视同仁，这名叫罗尔纲的学生因一开始报名的大学被查封，导致其他学校都不肯接收他，险些无大学可上。最后，是胡适收下了他。罗尔纲在入学礼听过胡适的讲话后十分感动，于是努力学习，并于同年以优异的成绩获得了第一届的奖学金。

罗尔纲在学校里默默无闻，不参加校内的活动，但该生学习成绩非常好，拿过首届奖学金，又擅长作论文，所以胡适十分欣赏他。罗尔纲毕业后请胡适帮忙推荐工作时，胡适索性将他聘为了自己的助手兼家庭教师，一边帮自己整理书稿，一边教自己的两个儿子读书，一边跟着自己学习。这一段经历让罗尔纲在学术上又有了很大的提升，令其对胡适感激不尽。

在中国公学中，胡适鼓励学生们创办各种学会，以供学生和老师有多个提高学术水平和表达思想的平台。在中国公学内，胡适允许言论绝对自由，即使看到批评他的文字，他也从来不恼，并允许这样的文字存在。

胡适提倡学生们的全面发展，除了学术，他还倡导学生们多参加体育锻炼，并于每年春季和秋季各举办一次运动会。为了培养学生们的品格，胡适创作了《中国公学运动会歌》，告诉学生们"胜固然可喜，败亦欣然"，"要光荣的胜，光荣的败"。

1929年夏，中国公学迎来了胡适任校长后的第一批毕业生。在毕业典礼上，胡适说，自己没有什么礼物可以送给他们，只能送给他们一句话，那就是"不要抛弃学问"。他说，学生们以前的功课也许有一大部分是为了这张毕业文凭，不得已而做的，从今以后，他们可以依自己的心愿去自由研究了。

胡适希望学生们趁年富力强的时候努力做一种专门学问，因为学问决不会辜负人。如果年轻时只为了吃饭而不求学问，那么三年五年之后就一定会被后进的少年们淘汰。他告诉学生们，少年是一去不复返的，等到精力衰疲时，再想做点学问来补救就来不及了。

有些人认为出去做事之后，就要整日忙着解决生活问题，没有工夫再去读书，而且外面既没有图书馆，又没有实验室，想要做学问是不可能的事。而胡适则不这么想，他说："凡是要等到有了图书馆方才读书的，有了图书馆也不肯读书。凡是要等到有了实验室方才做研究的，有了实验室也不肯做研究。你有了决心要研究一个问题，自然会搏衣节食去买书，自然会想出法子来设置仪器。至于时间，更不成问题。"

胡适以达尔文为例，向学生们说明了即使每天只能花一个小时的时间去看10页有用的书，一年也可看3600多页书，30年就能读11万页书，这些书足以使一个人成为一名学者。至于将每日的闲暇时光放在打麻将或看小报等消遣之事上，还是将这些时间用来看书，全靠他们自己的选择。

在演讲的结尾，胡适借用易卜生的一句话，告诉学生们"最大责任是把你这块材料铸造成器。"同时他告诉学生们，"学问便是铸器的工具。抛弃了学问便是毁了你自己。"

胡适经过不懈的努力，将中国公学办得有声有色。学校的学术氛围变浓了，学生们的态度端正了，学生和教师的质量也都有了大幅度的提高。学校的知名度得到了提高，学生的人数也不断增加。中国公学迎来了发展的高峰。

恩师兼好友

胡适在初到中国公学时提出自己只接任校长两个月，等到学潮平息了，他就会辞职。然而期限到时，学校却不肯他走，其原因自然是他上任以来，学校的风气日渐转正，学生们又都非常认可他，想要另寻一名像他这样的校长实在太不容易。为了留住胡适，校董事会为他设立了副校长，代他住校主持日常事务，并允许他每星期只去一次学校，其他时间可自行支配。胡适不好再推辞，只好同意了。没想到这一任就将近两年。

虽然每星期在学校只需要上一次课，但胡适并没有因此忽略对学生的教育。他会不时去学校做公开演讲，对学生们的学习和生活进行指导，或者将自己的一些观点传达给学生们。他希望学生们多学一些自然科学和技术，在实验室中取得了好的成绩之后再回头来整理国故，而不是一心扑在故纸堆中。他还告诫学生们，"为学要如金字塔"，先把基础打扎实，然后多学一些知识，最后再选准一门进行钻研。

　　胡适在中国公学担任校长期间，与学生们的关系相处得非常融洽，亦师亦友，这与他为学生们开辟了一个广开言论、兼容并包的环境是分不开的。胡适鼓励学生们多写作，多参加演讲。每当学生们组织演讲比赛，只要他有时间，就一定会到场担任评判员。胡适对于演讲有着深刻的感情，他亲身体会过演讲带给他的益处，所以他也非常希望自己的学生们能够通过演讲提升思维能力和表达能力。

　　学生们喜欢胡适，不仅因为胡适让他们有了自由思想和言论的空间，也因为胡适是真的爱他们，希望他们好。胡适对每一位学生都付出了最真挚的情感，特别是对于那些才学出众的学生，他总会尽自己的全力帮助他们，给他们提供最好的学习环境和机会。

　　有一次，一位名叫周楠的学生提前修满了学分，想要出国留学，可是由于他还有一年才毕业，手里没有毕业证书，所以遭到了国外使馆的拒签。胡适得知此事后，立刻给这位学生写了一个证明，并告诉他在国外，证明与毕业证书同样有效。

　　周楠拿着胡适的证明去了大使馆，却又被要求提供经济担保人，周楠无奈之下又找到了胡适，希望胡适能够再帮他的忙。胡适非常爱惜这位成绩优秀的学生，于是毫不犹豫地同意做他的担保人，并告诉他，许多外国人歧视中国人，才会向中国学生索要保证书之类的东西，作为中国留学生，到了国外，一定要注意一言一行，日后为振兴中华做出应有的贡献。

　　胡适非常乐于提携有才华，并且学习态度端正的学生。他对罗尔纲的治学态度就非常赞赏，并说，一个行为上能够"一介不苟取，一介不苟与"的人，在做学问时也一定是一丝不苟的。所以，他才会在罗尔纲毕业后将其留在自己身边，多加打磨，待到罗尔纲有了进步后，他又将其介绍到了北京大学文科研究所考古室。

罗尔纲早在毕业时就想去北京大学的研究院或北京图书馆工作，但是在当时，他还不具备在这样的地方工作的资格。经过在胡适家 5 年的学习和生活，他的学术有了很大提高，再加上胡适的推荐，他终于可以进入自己期望的地方工作了。此事令他对胡适更加感激。在北京大学文科研究所考古室，他更加努力钻研学问，并完成了《太平天国史纲》一书。此书一经出版，就广受好评。

多年后，罗尔纲将自己在胡适家中兼做助手和家庭教师过程中的治学经历和感悟写成了一本《师门五年记》。此书本计划于 1944 年出版，然而因为一些原因，出版计划却不得不搁浅。胡适读过此书后，对此书非常欣赏，认为此书兼备了学术性和文学性，用的又是自传里从没见过的创体，非常难得。于是 1958 年，胡适自费出版了这本《师门五年记》，只赠不卖，一方面作为纪念，另一方面作为对学生的支持。

作为老师，最自豪的事情莫过于看到自己的学生有所作为。胡适曾说，在他的生平中，最令他值得得意和自豪的事，是对物理学一窍不通的他，教出的学生中竟然出了两位名满天下的物理学家。胡适口中的这两位学生，一位是曾任北大物理学系主任的饶毓泰，另一位是被后人誉为"东方居里夫人"的吴健雄女士。

吴健雄在就读于中国公学时，胡适既是校长，又兼任文理学院的院长和文化史的教授。胡适规定所有的学生都要文理兼修，所以学理科的吴健雄也需要去上胡适讲的文化史。事实证明胡适的决定是正确的。多年后，在美国留学的吴健雄于一次申请奖学金的过程中，被要求提供她曾学过文科的证明。

当时，中国公学已经不存在了，想到自己用心读了那么多文科的课程，如今只因拿不出一张成绩单，便要被人认为不曾受过文科的教育，吴健雄感到十分不甘心，于是她给胡适写信，希望胡适能够为她出具一份证明，证实她确实曾在国内学习过文科的课程。胡适收到信后，立刻为她写了证明，并在证明中写下了吴健雄曾在他的课上得了 100 分的事。

胡适对学生的关怀从未因他们离开学校，不再是自己的学生而结束。离开中国公学北上后，得知自己曾经的学生吴春晗转入了清华大学历史系，胡适又主动帮他与清华大学联系，让他成了学校的"工读生"。对于当时家境并不富裕的吴春晗来说，胡适的帮忙可谓雪中送炭，解决了他经济方面的大问题。

胡适不但在生活上帮助吴春晗，也在精神上鼓舞他，时常给他写信，希望他可以成为一个能整理明代史料的学者，在做学问时要"大处着眼，小处着手；多谈问题，少谈主义"。吴春晗也谨记胡适的教诲，不论外面的环境如何，都一心研究学问。胡适对此非常欣慰，于是他在一篇文章中提出，希望当代大学生能以吴春晗为榜样，"埋头读书，不问政治"。

　　胡适一再提醒学生们不要谈论政治，自己却并没有完全按下性子来。1929年的春天，他开始在《新月》上发表自己对政治的看法，如《我们什么时候才可有宪法？》《知难行亦不易》《人权与约法》等文章。其中的《人权与约法》一文引发了后来声势浩大的人权运动，也在当时的社会中引起了不少共鸣。

　　胡适这些有关人权和政治的文章引起了当时政府的极大不满，一些人开始写文章批判胡适，说他居心不良，有意引发社会混乱，当被严惩。教育部也在1929年10月4日对胡适进行了警告，并认为胡适已不适合担任中国公学的校长，希望他主动辞职。

　　作为私立学校，校长的任命与罢免是可以自行做主的。从个人角度来说，胡适并不想辞职，学校和学生们也不想让他走，然而中国公学当时正在办理立案手续，并且学生的毕业证书也需要教育部的审核方能盖章生效，为了不影响学生们的前途，胡适最后决定辞去校长一职，离开中国公学。

　　辞职声明发布后，胡适继续在《新月》上发表政治观点。他在上海写的最后一篇文章是《五鬼乱中华》，在这篇文章中，他说中国最需要打倒的5个仇敌分别是贫穷、疾病、愚昧、贪污和纷乱，正是这"五鬼"将中国弄坏了。同时他指出，真正能打败这"五鬼"的不是暴力，而是全国人才的智力，以及世界的科学与方法。

　　1930年5月，胡适正式从中国公学辞职，次月北上。

回北大就职

此次北上，胡适主要想为自己定居北平寻一处住所，并没有演讲的打算，所以当师大的钱玄同向他发出邀请时，他拒绝了，并向其承诺"北大若讲，则师大亦须'利益均沾'"。不想北大师生太过热情，胡适实在无法推辞，便同意在北大讲一场。

钱玄同得知了这一消息后，急忙给胡适打电话，想提醒他当日的约定，然而电话总是打不通。他又想通过其他朋友找到胡适，然而还是没能与胡适联系上。他知道胡适给北大讲完之后再过一天就要回上海，于是马上写了一封信，言辞诚恳地请胡适务必在走之前，去师大的国文学会讲一个小时。

从北平返回上海后，胡适出席了中华教育文化基金董事会第6次年会，并被任命为新成立的编译委员会主任委员。

1930 年 11 月 28 日，胡适携全家离开了上海。出发前，一想到就要离开这个生活了 3 年半的城市，离开当地的朋友们，胡适虽然去意已决，但心中仍有些不舍。

两日后，胡适到达了北平，住进了米粮库胡同，此处僻静优雅，是个适合做学问之处。胡适的邻居有 4 位，分别是陈垣、傅斯年、梁思成和林徽因。这 4 人都是专心学术的人，此处的学术氛围也可想而知。胡适搬进去的那一年，傅斯年早早就在门口恭候着他，又在当夜找了几位老朋友来，为胡适接风洗尘。

早在 1929 年 1 月，胡适就曾趁中国公学寒假期间回过一趟已改名为北平的北京。本以为这次回去可以见到梁启超等一些老朋友，到达之后才得知梁启超已病逝。胡适心中非常悲痛，到达第二日便随着丁文江等好友去瞻仰了梁启超的遗容。送走了好友之后，胡适又来到了北大，看着校园中的物是人非，心中十分感慨。

对于北大，胡适心中有着特别的感情。他在《三年不见他》一诗中将北大比作自己一直思念的人，本以为 3 年不见，对它的感情就可以变淡，就可以把它忘记，然而再见之后，才发现它一直在心中占有着重要的位置。北大的兴衰荣辱都一直是他心中最牵挂、最在意的事。

那一次，胡适在北大见到了一些朋友，朋友们纷纷劝他早些回到北大，重振北大雄风。然而胡适认为，此时的北大规模已经很大，又缺少经费，想要办好实在没那么容易，所以没有同意。虽然没有马上回到北大，但在朋友们的请求下，胡适给北大提了一些宝贵的意见：将北大改作研究院，下设自然科学院、社会科学院、国学院和外国文学院 4 个分院，以吸引国内优秀人才前来。几位朋友听了，都表示了赞同。

如今，胡适又一次回到北平，北大的同人们又开始不断向他发出邀请，希望他早日归队。与此同时，刚刚接任北大校长一职的蒋梦麟十分想让北大尽快恢复良好的学习氛围，并通过改良成为一所拥有先进思想和教学制度的大学，正在为此网罗人才，学识渊博、为人正直的胡适自然成了他心目中最适当的人选之一。

蒋梦麟非常希望胡适能够接受他的聘请，可是胡适的本意只是回北大任教，而不想触碰行政方面的事，于是再三推辞，并表示自己可以义务为北大的学生上课，但不想在北大做专职教授，更不想做一个学院的院长。然而最终，胡适还是接受了邀请，义务出任北大文学院院长，并担任中国文学院主任，不领北大的薪水。

得知胡适回来了，北大的同人和学生们都非常高兴，特意为他举行了欢迎会。在欢迎会上，北大代理校长陈大齐、哲学系主任张真如和学生代表余锡碬先后致辞欢迎胡适回来，热情的气氛让胡适十分感动。

12 月 17 日是北大成立 32 周年的纪念日，也恰好是胡适四十虚岁的生日。胡适本不想过这个生日，然而在他的朋友和学生们看来，胡适一直苦心于学术研究，如今年已 40，应当享受到一些安慰。所以当晚，当胡适参加过北大校庆纪念会回到家中时，他的好友们早已等候在他的家中，准备为他贺寿。江冬秀送了他一枚戒指，上刻"止酉"二字，意在提醒他少喝酒。赵元任为他作了一首诗，诗中用词幽默，讲的却都是正经事。

同年，胡适开始着手给自己写传记。几十年来，他一直深感中国传记文学的缺乏，所以也一直在主张身边的那些老辈朋友们都写写自传，将他们的事迹保留下来。可是他的朋友们虽然都答应了他的请求，却一直没有人动笔，有的朋友甚至还没来得及写自传就离开了人世。为了避免此事拖得越来越久，胡适决定由他来开这个头。于是，便有了《四十自述》。

胡适的《四十自述》只写到他出国留学，之后便没有再写。/ 这主要因为他回到北大后，生活太过忙碌，实在难以抽出大量的时间安心创作。除了一开始说好的职务，他又陆续兼任了文科研究所主任，出版、学生事务、图书馆、财务诸委员会委员，还在《北大学生月刊》担任了编委顾问一职。在一次采访时，他曾对记者表示，他希望能够在一个理想的牢狱中过上10年或15年，平时可以尽情地读书、著述，不被任何人或事打扰，然后偶尔做做室外活动或劳作，这样他就可以将自己想做的工作都做完了。

回到北大后，胡适做的第一件大事是为北大引来了一笔金额极大的研究基金——每年20万国币，连续赠予5年。这次赠予是他在中华文化基金会董事会第五次常会上极力促成的。这笔基金使北大拥有了更加稳固的经济基础，可以聘请更多专任教授，开展更多研究讲座。

1917年，蔡元培为了学校的发展，提出了"教授治校"的办学理念，由"积学而热心"的教员协助治理学校。然而随着时间的流逝，一些教授们开始以权谋私，通过评议会制定各种各样的"潜规则"，为了增加收入，他们一边严格控制外来教员进入北大授课，一边肆无忌惮地出去兼职，令学校的教学质量极速下滑。

在学校管理方面，胡适与蒋梦麟的观点是一致的，便是希望教授和学生都能以研究学术为主要任务。为了解决"教授治校"所带来的种种弊端，他们二人经过仔细研究，最后制定了"教授治学、学生求学、职员治事、校长治校"的方针，取消评议会，成立校务会议，由校长担任校务会议的主席，各院系院长、学系主任、秘书长、课业长、图书馆长，以及由全体教授和副教授选出的教授代表为校务会其他成员，所有校务相关事情都需要通过校务会议进行商讨和确定。

为了确保师资质量，胡适和蒋梦麟决定更新师资队伍，辞退所有不合格的教授，聘用能够增强北大的学术发展，加强对学生们的学术教育的学者，以及一些学术突出的新人。两人商量好，蒋梦麟负责将旧人辞退，胡适负责广招新人。在胡适的努力下，许多优秀的学者都接受了北大的邀请，成了北大的新成员。徐志摩也是在此时被胡适邀请到北大任教的。

考虑到胡适教学经验丰富，又懂得管理，当时的政府一度提议将蒋梦麟调入教育部，改由胡适担任北大的校长，胡适没有同意。后来又有人提议让胡适出任教育部长，胡适也没有同意。对于胡适来说，教育永远是令他一生奋斗不疲的事业。他只想踏踏实实地将教育做好，只想去做对教育、教学，以及学生有益的事。至于为官之事，他从不去想。

办《独立评论》

胡适不愿为官，却也十分关心国事。当国家有难时，他希望以学者的身份用笔墨报国。胡适说，这本是很无聊的事，但他和他的朋友们却并不想因此轻视他们的工作。胡适口中的朋友，便是后来与他共同创办了《独立评论》的丁文江、傅斯年、任鸿隽等著名学者。

"九一八"事变和"一·二八"事变后，日本对中国的侵略加剧。这样的局面让胡适十分伤感，国难临头，眼看他们平时梦想的"学术救国""科学救国""文艺复兴"等工作马上就要被毁灭，他不由得开始思考，他们这些学者们能够在这"烘烘的烈焰"里干些什么。

那段时间里，胡适常常邀请一些朋友到家中，或是欧美同学会中聚会，对国家和社会的一些问题进行讨论。其他人有时辩论比较激烈，有时意见则也是一致的。胡适并不期望他们这些人永远都持相同的主张，只期望各人根据自己的知识，用公平的态度，来研究中国当时的问题。最终，他们在创办一个用来"说一般人不肯说或不敢说的老实话"的刊物上达成了共识。

1932 年初，胡适就草拟过一个办周报的计划。5 月 10 日，胡适与他的"八九个朋友"自行集资，共同创办了《独立评论》杂志社。胡适希望通过《独立评论》将他们几人的意见随时公布出来，做一个引子，引起社会上的注意和讨论。

《独立评论》的发起人大多有过留学经历，在专业方面拥有扎实的知识，并且接受过先进思想教育。他们能够最先发现社会中的弊端，指出需要改进的地方。然而他们只是学者，能够为社会做的，只有将自己的意见发表出来，以对社会和政府产生一定程度的影响。这些人都有固定的职业，有的是北大和清华的教授，有的是研究员，或地质研究所的所长。

胡适以"不偏不倚"的"独立的精神"为办刊方针，他说，希望《独立评论》永远保持独立的精神，不倚傍任何党派，不迷信任何成见，用负责的言论来发表各人思考的结果。

在国难初期，《独立评论》从一定程度上反映了当时民众的困苦生活，提出实行民主政治，反对独裁专制，并极力反对党化教育和复古教育。胡适将当时社会上的主要病根归结于鸦片、小脚和八股这"三大害"，贫穷、疾病、愚昧、贪污和纷乱这"五鬼"，以及仪文主义、贯道主义和亲故主义这"三个亡国性主义"。他将《独立评论》作为他的阵地，努力向人民宣传，如果不去除这些病根，民族自救运动就无法实现效果的思想。

胡适希望《独立评论》是完全独立的，既不被成见所束缚，也不被时髦所引诱，深信只有事实能够给他们真理，只有真理才能使他们独立。胡适等人创办《独立评论》完全出于自发性，所有创办者和社员不但不领工资，还要每人每月从各自的月收入中抽出 5% 作为刊物的基金，这样便能保证杂志在经济上也是独立的。创刊初期，社员们共捐出了 4205 元的基金。刊物稍微有盈利后，每人的捐款金额才减到了月收入的 2.5%。

杂志社的社员们都有正式的工作，所以他们的文章大多是忙里偷闲作的。当资金和文章都有了一定的积累后，5 月 22 日，第一期《独立评论》出版了。

《独立评论》具有极为浓厚的自由主义色彩，所评论的内容也多是国内外一些重大时局问题，这些内容令许多关心国事和政治的知识分子们对此刊产生了很大的兴趣。

身为杂志的主编，胡适对于《独立评论》付出了极大的热情和耐心。他的心中时刻充斥着一股强烈的历史责任感，让他不敢有丝毫的松懈或马虎。5 年里，除了因出国暂时中断了一段时间的工作外，他在每一期都写有"编辑后记"，简要对主要作者的身份和文章主旨进行介绍。有时，他也会在"编辑后记"中加上一些自己对某篇文章的见解，或者干脆以某一文章的观点为基础另写一篇评论文章。他本人对时政和社会现象的观点也经常发表在杂志上。

由于《独立评论》不是宣传某家某派政治观点的阵地，所以虽然成员们经常在某一问题上产生分歧，展开激烈的讨论。比如在治国方面，蒋廷黻和吴景超一直提倡以武力，胡适却认为若是真按照此二人的观点去实施，效果将会是"教猱升木"，并在《独立评论》第85号上发表了一篇文章，论述武力统一中国之不可能。

1933年1月，中国民权保障同盟北平分会建立，胡适被推举为主席。之后，他在《独立评论》上就记者刘煜生遭到迫害一事，公开批评当时的执政者"制法不守法"，并主张废除"危害民国紧急政治法"等法西斯法律。

尽管在政治言论上并不全然一致，而且在学术与政治之间也有不尽然相同的取舍，但由于他们强调的是"求同存异"，从不为了虚假的和谐而掩饰内部的分歧，所以这些讨论不但不会让他们这些人之间产生隔阂或芥蒂，反而增进了他们之间的友谊。而且《独立评论》的所有成员都认为，此杂志视在当时那种内忧外患的时代境况中有着重要的使命，为了这份使命，他们会尽全力将它办好。

胡适将《独立评论》视为一个公共地进行辩论和说理的园地。在他曾发表的文章中，涉及的问题和现象包括政制改革、政治贪污、乡村建设等多方面。他也鼓励和提倡其他人发表针对各种现象的各种观点,无论是大学教授,还是青年学生,无论是对时政有什么看法,支持哪一种制度,提倡哪一种方式,只要是符合《独立评论》的要求,就可以发表。

以往的一些刊物在对稿件进行筛选时,会碍于种种原因,对作者的文稿进行大量修改,以符合当时的局面。在《独立评论》上则不会出现这样的情况,刊登出的文章大都是作者的原稿,很少有删改。这也是胡适鼓励作者们自由言论,积极投稿的方式之一。在胡适的鼓励下,社外的稿件逐年增长,第一年的社外稿占42.7%,第二年占55.13%,第三年就已达到了61.8%,刊行到第四年时发行量已高达13000余份,寄售及代订处分布全国,在当时所处的近400种杂志中独树一帜。即使杂志社已明确宣布不付稿酬,但还是能接到大量的稿件。

胡适曾说,哲学是他的职业,文学是他的娱乐,政治是他忍不住的新努力,可见他创办《独立评论》是兼顾了娱乐和新努力两者的。在编辑形式上,《独立评论》虽然以政治评论为主,但也会经常刊登或连载一些专家写的游记、见闻、书评、杂文等。这些文章读起来趣味性十足,并且具有丰富的知识性和思想性,比起其他同类杂志,《独立评论》略胜一筹。

在一篇"编辑后记"中,胡适说,有些朋友时时写信劝他们多登一些关于思想文艺的文字,其实他们并非刻意排斥那些文艺作品,只是因为篇幅有限,它们不得不被政治外交经济一类的讨论挤出去。他也希望能够多登一些比较有趣的读物,让《独立评论》看起来不是太单调。

到了 1934 年，胡适的工作越发忙碌，投入在《独立评论》上的心血也越来越多。有几个月，《独立评论》完全由他一个人负责，特别是每到星期一，他都要为《独立评论》工作忙碌一整天，直到第二天凌晨 3 点钟才能结束工作。江冬秀担心胡适的身体，常常责怪他太过拼命，并劝他早早停刊。而胡适却说自己到这个时候，每星期牺牲一天做国家的事，算不得什么，不过是尽一份心力，使良心上好过一点而已。

领袖的培养

胡适与朋友创办了《独立评论》，为此杂志呕心沥血，同时，他也并未因此忽略对北大的建设。胡适说，北大从重新筹办到正式开学上课花了他们 8 个月的时间，然而 9 月 17 日正式开学上课后，他们却只高兴了两天，就不得不面对这个正在更新的北大将要被摧毁的事实。但是他们没有气馁，仍然一心想要努力将这个学校办好。这一努力就是 6 年。

当时，北大位于北平国立八校之首，需要担负的责任也要更大。据陶圣希回忆，在危难的岁月里，校务会议不过是讨论一般校务。实际上，"应付难题的时候，国立各大学间另有聚餐在骑河楼清华同学会会所内随时举行，有梦麟北大校长、梅月涵（贻琦）清华校长、适之及枚荪两院长，我本人也参加交换意见。"

陶圣希说，在会议上，蒋梦麟时常会先听完胡适的意见，然而才发言。并且在清华的会餐席上，胡适一直是其间的中心。他难以想象如果当时的北大没有蒋梦麟和胡适，是否能够在国难之中保持6年的安定。

胡适眼中的教育不仅仅是教给学生们先进的知识和思想，还包括将学生们培养成为具有领袖思维的人才。北京大学教授孟森曾向《独立评论》投了一篇题目为《论"士大夫"》的稿件。胡适读过之后，不由得想要引用孟森教授的意思对领袖人才的问题进行一番讨论。于是在1932年8月7日第12号的《独立评论》上，胡适发表了《领袖人才的来源》一文。

孟森对士大夫所下的定义是："'士大夫'者，以自然人为国负责，行事有权，败事有罪，无神圣之保障，为诛殛所可加者也。"从狭义上说，孟森口中的"士大夫"好像是限于政治上负大责任的领袖，但从广义上看，又包括孟子说的"天民"一级不得位而有绝大影响的人物。于是胡适将其所谓的"士大夫"转换成现代词汇，称这样的人为"领袖人物"，简称为"领袖"。

对于孟森在文中提到的希望能够将中国古来的士大夫人格搜集起来做一部"士大夫集传"，以及希望有人将外国士大夫的精华搜集起来做一部"外国模范人物集传"的想法，胡适表示了认可。他说，这是应该做的工作，但是近世中国的领袖人物这样稀少而又不高明，并不完全因为传记文学的贫乏与忽略，光靠几本"士大夫集传"是无法铸造成功的领袖人才的。

胡适将现代社会中"领袖人物"的缺少归结于现代社会中不存在这样一个阶级。他说，古时"士大夫"在社会里自成一个阶级，然而到了现代社会，这个阶级不存在了，"士大夫"也就不存在了。但他并不对"士大夫"阶级的崩坏而感到惋惜，也不希望那种门阀训练的复活，他只想告诉世人，所有能够成为领袖人物的人，即使拥有过人的天资做底子，也需要接受教育训练，这样他们的知识见地才能得以积累，做人的风度才能得以形成。

胡适在文中提到了颜氏一家在遭遇亡国之祸，流徙异地时，仍然没有忽略"整齐门内，提撕子孙"，所以才会作家训，留作他家子孙的典则。唐朝的柳氏和宋朝吕氏、司马氏的家训，也都是当日的士大夫们为了保存士大夫的风范而制定的。他说，古代的"士大夫"能够将其风范保全几百年之久，正是因为他们长年接受着一种整齐严肃的士大夫阶级教育，而到了现代，社会中没有这种系统严肃的教育，人们自然也就无法养成"领袖精神"。

对国内的教育进行分析后，胡适又将眼光放到了国外，对近代欧洲的教育进行了研究。在研究中，他发现欧洲领袖的产生与那些训练领袖人才的大学不无关系，欧洲能够有灿烂文化，也几乎都是中古时代留下的几十个大学的功劳。回顾历史，欧洲的文艺复兴、十六七世纪的新科学，以及工业革命这三大运动的领袖人物都是从大学中走出去的。

欧洲的大学在当时已有上百年的历史，久则近千年，就连成立最晚的大学也已经有了100多年的历史，充实的图书储备、优良的"学风"也正是在这些漫长的时间里形成的。胡适认为，就读于这样的大学中，才能接受到优良的教育和思想，才能成长为优秀的领袖，而中国恰恰缺少这样的大学。

胡适对中国1000年来的教育感到痛心，他说中国一直不曾有一个训练领袖人才的机关，也没有持久性的高等教育的书院，也没有训练"有为有守"人才的教育体制，有的却只是八股试帖和做书院课卷这些不能培养出领袖人才的教育。有了新的大学后，却又是些"东抄西袭的课程，朝三暮四的学制，七零八落的设备，四成五成的经费，朝秦暮楚的校长，东家宿而西家餐的教员，十日一雨五日一风的学潮"，这些都是无法培养出领袖人才的。在胡适看来，这样的大学甚至没有资格去谈培养领袖人才之事。

胡适根据当时的国情，指出想要成为领袖人物，必备的条件有"充分的现代见识"，"充分的现代训练"，以及"足以引起多数人信仰的人格"。而想要具备这些条件，就必须在大学中受到相应的教育。虽然此时才感觉到整顿教育的必要性有些迟了，但至少这也是一种进步。如果到了此时仍然没有意识到全国无领袖的苦痛，没有感觉到"盲人骑瞎马"的危机，那才是最危险的，国家也就只好长久被一班无知识无操守的浑人领导到沉沦的无底地狱里去了。

在当时，有人称《学记》中记录了现行制度，对此胡适提出了不同的意见。他说《学记》只算得上是教育理论之书，而算不得现行制度之书。对于古代典籍，胡适认为只有《论语》《孟子》和《礼记》之中的部分可做人模范，其余的内容只不过是古史料而已。

对于以"六经"为领袖人才学习资料的观点，胡适也作了一篇文章进行反驳。他说每个时代都有其范型式的领袖人物，这些领袖人物的产生与他们所接受的教育有着密切关系，有的人得利于学问，有的人得利于宗教，有的人得利于家庭教育，有的人得利于经或理学，有的人得利于文学，有的人得利于史传，每个人得利的途径不一样，所以不能将这些人的成功都归于经学一事。

胡适说中国自古的训育工具有 6 大弱点，第一是"儒门淡薄，收拾不住"，第二是佛教与道教都太偏于消极的抵制，第三是士大夫过于偏重举制的文艺和虚伪的文学，第四是传记文学太缺乏，第五是忽略女子教育，第六是人民太穷苦。这 6 种缺陷既不能使教育有所提高，也不能使教育得到普及，以至于数百年来人才一直缺失。他希望在教育方面多吸取西方人的经验，不要全靠书本，尤其不要全靠"六经"、射御等艺。

胡适将国内传记文学不发达的主要原因归结于忌讳太多，顾虑太多，并且缺乏保存史料的公共机关。此外，在古代想用文言文来记录活的白话语言也确实有困难。所以中国的历史人物往往只靠一些干燥枯窘的碑版文字或史家列传流传下来，很少的传记材料是可信的，更不要说可歌可泣的传记了。

胡适十分欣赏欧洲的传记文学，他说这些关于历史上重要人物的详细传记能够令后人多知道一些领袖人物的言行，从而对后人产生积极的影响。反观中国古代的传记文学，大多是些零碎的逸事琐闻。他说，模范人物的传记，无论如何不详细，只需剪裁的得当，描写的生动，也未尝不可以做少年人的良好教育材料，也未尝不可介绍一点做人的风范。所以若是能够在传记方面有所进步，那么对于少年人的教育也能起到一定的益处。

正因如此，胡适一直在提倡身边老一辈的朋友们多保留传记的材料。并带头著述了记录他前半生的传记文学《四十自述》。1933 年 9 月，《四十自述》出版。

真正的教育

胡适入北大以来，一直在努力发展教育，然而在当时的社会中，仍然存在着一些教育的弊端。其中一个现象就是乡村人在小学毕业之后，因为自认身份特殊，比其他乡人们高了一个阶级，于是不肯回家做工。

胡适将这一现象产生的原因归根于教育太少。1934 年，他在《教育破产的救济方法还是教育》一文中提出，中国教育的一切毛病都是由于人们对教育太没有信心，太不注意，太不肯花钱。教育之所以会"破产"是因为教育太少了，太不称职了，教育之所以会失败是因为至今还不曾拥有真正的教育。

胡适经过多年的研究得出一个结论，真正的教育既要普及，也要提高。他亲眼所见早些年间，国内一些人过于注重教育的普及，恨不得将全国各地都建上学堂，却不注重教育的提高，以至于虽然学堂众多，但学生们能够学到的知识却总是那些落后的旧知识。后来，人们开始注重教育的提高，却又忽略了普及的重要性，以至于很多人都没有机会接受教育，更不要说接受高等优质的教育了。

在当时，因为教育太少，很少有乡村的小孩子能够有机会读书，就更不要说读完小学了。所以那些能够读书的孩子就会认为自己比其他没有读过书的孩子高了一级，并且会在小学毕业后认为自己已经进入了一种特殊的阶级，不应该再去种田学手艺。而对于那些没有上过学的乡人来说，读过书的孩子与他们也不是同类人了，他们自然也就不太容易接受这些小学生们。除此之外，对于那些送孩子读书的家长们来说，既然孩子已经读了书，自然不应该再回到田间劳作，家长们这样的心态也影响了孩子。

胡适认为，所谓的"生活教育"和"职业教育"都不能真正意义上救济到民众。想要解决上面的那种现象，最好的办法是将教育普及，让每一个适龄的孩子都能接受义务小学教育，教育是义务的，就不会再有人家因为家境不好而导致孩子受不到教育。当所有孩子都能进入学校读书后，也就不会存在上了学的孩子自认优越，高人一等的情况了。

在当时，不仅小学教育中存在许多弊端，中学和大学的教育中也存在许多怪现象。胡适说，这并不是教育本身的毛病，而是在从没有教育过渡到刚开始有教育的时期中不可避免的现状。简单来说，还是因为教育太稀有，太昂贵。当小学教育都成了罕见之物时，中学教育和大学教育就更成了稀有物品，是只有极少数人家的子弟才有机会和资本享受的东西。

有些学生因为家境优越而升学，有些学生则因为父辈抱着"将本求利"的心思，借贷供他们升学。对于前者来说，读书是一种对家庭的敷衍，对于后者来说，读书是用来向其他人炫耀的资本。胡适说，在这样的环境下，这些学生毕业后自然不屑于回到家乡，宁可做都市的失业者。

胡适是反对这些心态和做法的。但他也知道，这种现象不能完全怪罪到学生和家长们的头上，也要怪罪到当时的社会上。

胡适说："我们中国人有一种最普遍的死症，医书上还没有名字，我姑且叫他做'没有胃口'。无论什么好东西，到了我们嘴里，舌头一舔，刚觉有味，才吞下肚去，就要作呕了。"就像早些年前，大家都承认中国需要科学；然而科学还没有进口，就听见一班妄人高唱"科学破产"了；不久又听见一班妄人高唱"打倒科学"了。对于教育，国人也是如此。

不知从什么时候开始，国人对于教育的态度突然间变得冷淡了！并且渐渐有人开始厌恶教育，喊出了"教育破产"的口号。导致这种变化的原因比较复杂，胡适将所有原因归结成5点：一是教育界自己毁坏了信用，二是教育的政治化使教育变得空虚，三是近年来教育行政的当局过度使私立中学与大学营业化，四是所谓高等教育的机关添设太快，五是粗制滥造的毕业生骤然增多。

虽然"教育破产"的口号喊得响亮，但胡适并不认为教育真的破产了，因为他所看到的教育只是刚刚开了一个头，还只在试办的阶段，连真正的教育都算不上。产都没有置，又何来"破产"一说？那些口口声声喊着教育已经破产的人，在胡适眼中不过是一群得了"没有胃口"症的人而已。

胡适向社会和政府呼吁，想要真正救济教育的失败，首先必须全力推进教育的普及，将学生的来源扩大，不仅仅招收那些家境优越的学生，也招收那些家境穷困的学生。他建议大力普及初等义务教育，让所有的学生都受到教育，然后再从中选出真正愿意求学、有求学天分的人，让他们得以升学。这样中高等学校中就不会被那些为了熬资格而不为求学问的学生充斥，文凭也就不再成为学习的根本目的。

在提倡普及和提高教育的同时，胡适也一直在强调教学内容，而他最注重的就是白话文的普及。在一开始，他制定的中学国文的理想标准是：人人能以国语自由发表思想，人人能看平易的古书，人人能作文法通顺的古文，人人有懂得古文文学的机会。后来他将这4条改为：人人能用国语自由发表思想——作文、演说——都能明白晓畅没有文法上的错误；国语文通顺之后，方可添授古文，使学生渐渐能看古书，能用古书；但作古体文看作实习文法的工具，不看作中学国文的目的。

教育部屡次下令禁止小学讲习文言，并且明令初中各科教科书，除国文一小部分之外，不得用文言编撰。但教育部却没能敌过许多"豪杰之士"主持的政府机关，教育机关，考试机关，舆论机关的用全力维持古文的残喘。那些官场的文告，来往的公事，也不过是加上了新式标点，内容依然是文言。就连教育界本身也还有种种矛盾的现象。比如国内各大学的考试，都要求非用文言不可。

1934年5月，汪懋祖和许梦因等人提出了"中小学文言运动"，他们反对白话文，号召中小学以学习文言文为主，并称这是"社会应用所需"。汪懋祖还在《时代公论》第114号上发表了以《中小学文言运动》为题目的文章。胡适读过汪懋祖的文章后，认为其对古文过于迷恋，致使其感情用事，失掉了理智。于是他在《独立评论》上发表了《所谓"中小学文言运动"》的文章，对汪懋祖的主张进行了评论。

胡适说，汪懋祖等人强调的文言是"社会应用所需"，只不过是这种矛盾现象在作怪而已。社会对国语不够重视和尊重，这就难怪中学生和小学生们非要学习文言。想要推广白话文，就应当使社会尊重语体文，广为推行，一切报章公文一律改过，尤其是中学大学入学试验也要能提倡。否则一部分人提倡语体，又有一部分人在那里提倡文言，以致青年无所适从了。

当得知自己的学生罗家伦当了官后，胡适曾立刻写信给罗家伦，希望罗家伦能够代他向政府提议，以后政府规定的所有公文、命令、法令和条约都须用国语，并且要用标准的标点和分段。之后，他又写信给当时的一些政府要员，希望他们能够对白话文的推广起到推波助澜的作用。然而此举并没有收到成效，这令胡适感到很失望。

胡适强调，要使白话运动成功，就必须根本改变社会上轻视白话的态度。他主张从试作白话文学下手，全力用白话创造文学。他认为，既是认定了语体是提高国民文化的轻便工具，就应当再请政府彻底地革一下命，否则虽是十年百年也不会有结果。

在当时，学生毕业后的选择基本有3种：继续从事学术研究，寻一份相当的职业，或是做官。在这3种选择中，胡适比较提倡第一种，至于第二种和第三种，他觉得都存在堕落的危险，或是抛弃了求知欲，或是抛弃了对人生的追求。为了避免学生们堕落，他建议他们在毕业后，即使不继续从事学术研究，也要经常寻一两个可以研究的问题，或是发展一点非职业的兴趣，还要总有一点信心。

胡适希望学生们能够深信，今日的失败都是由于过去的不努力，今日的努力必定有将来的大成就。要深信天下没有白费的努力。成功不必在我，而功力必不唐捐。越是在悲观失望的时候，就越是要鼓起坚强的信心的时候。

以言论影响社会

信心与反省

1933 年 6 月 19 日，胡适动身前往美国。他的此次美国行是应芝加哥大学的邀请去进行一场定在 7 月下旬的，关于"中国的文化态势"的演讲。演讲结束后，胡适又去了加拿大的班福，以中国代表团成员的身份参加了在那里举办的"太平洋学会"的年会。之后，他在美洲作了短暂的停留，会见了留学时的友人，并于同年 10 月 5 日登上了回国的轮船。

回国后，胡适继续投身于教育事业和对白话文的推广，同时努力做好《独立评论》。自从赴美留学后，胡适就变成了一个乐观的人，他自己也曾说过，自离开中国后，所学得的最大的事情，就是乐观的人生哲学。回国后，无论对于国家的教育、文化，还是社会发展，他都一直保持着乐观的精神，甚至一度被人们称为"不可救药的乐观主义者"。

胡适的乐观不是盲目的，也不是打肿脸充胖子，将没有说成有，将不行说成行。他的乐观和自信都是以反省为基础的。在一些人看来，反省与自信是相冲突的，但胡适不这么认为，他说正是因为乐观和自信，才会时时反省，才会真心地看到自己的不足之处，坦然地承认自己不如别人。在他看来，如果不肯反省不肯认错，就会将一切问题都怪到别人头上，那样是不可能真正地进步和成长的。所以在创办《独立评论》时，他时常会指出现实中的不足，对当时的社会和制度进行批评，有时还会流露出一些悲观的语句。

《独立评论》创刊两周年时，胡适收到了一位名叫寿生的北大旁听生的投稿，题目叫《我们要有信心》。在这篇稿子中，寿生表达了对《独立评论》的不满，认为《独立评论》的文章一天比一天消极，并讽刺这本杂志"在胡适之先生们的乳养下已是一个两岁的孩儿了"。胡适看了这篇稿子之后并没有生气，反而很高兴。他觉得寿生所提出的问题很值得讨论，便将此文刊登在了《独立评论》第103期上，并同时将自己就这篇稿子写的一篇文章也发表在了同一期上。

胡适的这篇文章题目叫《信心与反省》，在文章的开始，他表达了对寿生这种充满信心的心态的赞扬，说很高兴还有青年人能够在当时那种恶劣空气里保持他们对于国家民族前途的绝大信心，并说这种信心是一个民族生存的基础，他是完全同情的。然而他又指出，"这种信心本身要建筑在稳固的基础之上，不可站在散沙之上，如果信仰的根基不稳固，一朝根基动摇了，信仰也就完了"。

对于寿生不赞成旧人拿5000年的古国、精神文明、地大物博之类的词汇来遮丑的主张，胡适深表赞同。但他也不赞同寿生对中国进步缓慢原因的分析，认为寿生在分析时所持的观点其实和那些旧人的观点一样挡不住风吹雨打，那种盲目的自信不过是一种无稽的夸大而已。

寿生认为当时的中国改进不如日本迅速，是因为固有文化太丰富，根基太深，所以接受性较慢；而日本的文化根基很浅，所以善于模仿，接受性较快，能够全力接受外来文化。他认为，日本是一个只善于模仿，但创造力有限的国家，一旦中国接受了新文化，将新旧文化融合在一起，就一定会产生不后于任何民族的贡献。胡适却指出，"凡富于创造性的人必敏于模仿，凡不善模仿的人决不能创造"。

胡适将"模仿"这一新名词等同于旧的名词"学"，他说不肯模仿的人就是不肯学他人的长处，这样的人是懒人，不可能进行创造，这样的民族也是一样，等到它不肯学的时候，它的盛世已经过去了，它也已走上衰老僵化的时期了。至于日本人只会模仿而不会创造，更是无稽的诬告。日本学去了中国的无数优点，并在这些优点中融入了他们自己的创造，却没有学中国的一样缺点，如果到了今日还要抹杀事实，笑人模仿，并不屑模仿，那真的是盲目的夸大了。

胡适反驳了寿生那种夸大本国固有文化的观点，并指出中国固有的文化非但没有丰富到不需要学习新鲜事物，还存在着许多令人抬不起头来的文物制度，比如八股、小脚、姨太太，以及吃人的礼教等。至于近代的科学文化和工业文化，则更是贫乏得丢人极了。所以他强调人们一定要"反省"，并以此为唯一的基础，认清楚罪孽所在，这样才可以用全副精力去消灭这些罪孽。

寿生认为《独立评论》的言论带有太多悲哀的气味，在本就很糟糕的实情中，这样的言论会让民众更加悲观，对社会和国家失去信心，认为"中国不亡是无天理"，并怀疑自己生存在这世界上的意义。胡适却在文中告诉他，那句"中国不亡是无天理"的话原本出自他之口，而他会说出这句话，目的并不是让人消极，让人灰心，而正是让人们多反省，然后树立起信心，用新的，好的来取代旧的，坏的。

在当时，社会中存在许多的弊端，国家兵力太弱，被外敌抢去了大片国土；政府允许鸦片烟在整个省内大规模种植，并依靠收取公卖税、吸户税、烟苗税和过境税等增加财政收入；最高的官吏公然提倡"时轮金刚法会"和"息灾利民法会"；纵观国内，没有一所真正完备的大学，国民的教育始终得不到普及和提升……这些现象在胡适的眼中都是极大的耻辱，然而当时的政府和国人却并不以此为耻，也不去反省。胡适说，这才是最大的祸患。

胡适明白，自己说的这些话势必会招来很多人的不满，但他不在乎，也不怕。他不会因为别人不爱听他的话，反驳他的话，甚至责骂他就停止说实话。他这样做只是希望人们意识到，只有对精神文明进行反省，明白"那'光辉万丈'的宋明理学，那并不太丰富的固有文化，都是无济于事的银样镴枪头"，才能真正有所进步。

日本的国土很小，土地很少，人民也很少，但是因为他们肯去学习外面优秀的东西，肯拼命用世界的新工具，所以他们成长得非常迅速。胡适希望人们能够从日本的发展史中领悟到，国家的前途掌握在每一个人的手中，要意识到不足，怀着希望努力改进，相信付出必然会有回报，这才是真正的自信。

不出胡适所料，他的这篇文章果然在社会中引起了强烈的反响，一位读者悲愤得彻底未眠给他写来文章表示抗议，并在文中对中华民族历年来的行为作了反省，称其在与欧美文化接触的七八十年里，既丢了数千年来优秀的传统文化，又没能抓住外来文化的优点，所以才会误入迷途，堕落下去，想要进步，必须坚持"中学为体，西学为用"的老方案。

胡适感受到这位读者诚恳的态度，于是也诚恳地指出其论调中存在的问题。他说，这位读者所提到的那"一半不同"正是全部不同，他所提出的论调也仍然是老辈们那种，坚信"一切伦纪道德是固有而不须外求"的论调。在道德方面，胡适提倡要"有作法，有热心"，如果没有这两点，即使整日读那些理学的书，也无法拯救道德的低浅。

胡适不同意那种一边学科学，一面恢复那些固有的文化的行为。他说这样做是行不通的，那些固有文化之所以会崩溃，正是因为它们在与欧美文化接触后，弊端越发明显，所以才会自行崩溃。在过去的七八十年里，中华民族不但没有堕落，反而在一天天向上，一天天进步。只是这种进步还不够，所以大多数的青年人才仍然需要将那些腐朽的文化彻底戒除。他说，此时的反省绝不是浅薄地与欧美文化接触，而是真正认清那些固有文化是不足迷恋的，是不能引人向上的。

古人曾参曾说过："士不可以不弘毅，任重而道远。"在胡适的心中，消除历史上遗留下来的腐朽习俗和那些没有益处的固有文化是每个人的责任，也是他的责任。所以即使前方是万里长路，身上挑着百斤重担，他也不会放弃，也不会轻易灰心失望。他相信努力磨炼总会有达到目的的一天，相信播种了一定会有收获，用了力就不会白费。这便是胡适在这条路上的信心。

第一次南游

1935 年 1 月 4 日，胡适乘船到达了香港。这是胡适第一次来到南方。早在他的船到达之前，香港教育界的许多知名人士就已等候在码头上，其中还包括港大的科士达教授，以及华侨教育会主席陈铁一。

胡适此行到香港，其主要目的是接受香港大学颁赠给他的法学博士名誉学位。早些时间，香港大学的校长荷瑞尔（Horell）曾向胡适请教过如何办学，胡适因为不了解华南的教育情况，便没有轻易给出意见，而是从北大中选择了两名对华南教育情形比较了解，又有办学经验的教授，将他们推荐给了荷瑞尔。荷瑞尔当时便提出要给胡适颁发香港大学的名誉博士学位，然而胡适称自己不配受此殊荣，于是婉言谢绝了。

一段时间后，荷瑞尔再次向胡适表达此意，胡适不好拒绝，于是接受了。这是胡适第一次接受名誉博士的头衔，在这之后，他又先后接受了 34 个不同的名誉博士头衔。

负责接待和陪同胡适的是港大文学院院长佛斯特。胡适在香港的日程都是由他代为安排的。到达香港后，胡适首先被安排住进了荷瑞尔家中。荷瑞尔的家位于半山，此处风景怡人，既能看到海湾和岛屿，又能看到满山的红花绿叶。胡适感到心旷神怡，他说像他这样久居北方的人，到了这里有一种"赶上春天"的快乐。

胡适在香港一共停留了 5 天，在这 5 天里，他一共做了 5 次演讲，3 次是用英文讲的，两次是用国语讲的，演讲的内容则主要围绕着开展教育、提倡新文化、推广白话、反对文言，以及反对尊孔读经。在华人教育会进行演讲后，在场的三四百名中小学教员纷纷上前请胡适签字留念，或请胡适为他们写几句话。听众们的热情让胡适虽然辛苦，却也很感动。

胡适在香港的所有宴会和演讲都是从下午一点开始，于是他每个上午都有大段的空闲时间。对于这样的安排，胡适也感到很满意。在佛斯特的带领下，他游览了香港的山水和城市，看海景、观夜景、赏斜阳、喝茶、散步，每一天都过得非常愉快，全然不知自己已经无意之中得罪了广东当局，而得罪的原因就是他在 1 月 6 日所演讲的内容。

那一天，胡适在香港华侨教育学会做了题为《新文化运动与

教育问题》的演讲。在半个小时的演讲中，胡适先表达了自己对
能来香港演讲，并且所讲的话能被此地人们听懂的欢喜之情。他
说，自己对于教育还是一个门外汉，而且对香港的教育还不大清
楚，实在不配谈香港的教育，但他说香港是一个办学的地方，因
为这里商业发达，经济充裕，不会发生像在北平和广州发生的那
些中小学的欠薪问题。

胡适对香港的经济环境大加赞扬，称此地既有充足的资金，
又有良好的治安，而且还能接近外国人，有充分的向外国借鉴的
机会，这样的环境非常适合办义务教育，希望香港朝着这一目标
迈进。随后，他对广东的教育进行了批评，认为广东很多人反对
用国语，主张用古文，还提倡读经书，这是非常落后的行为。此
外，对于广东人过于重视状元或翰林一事，胡适也进行了批评。

胡适说，他真的不明白为什么像广东这样一个革命策源地竟
然还会如此守旧。即使民间要题几个字，也要不惜花重金去找一
个状元或翰林来题。他认为中原的文化已经变了，在广东却还留
着，这或许是因为在边境的人，总会想方设法去保护那些从娘胎
带来的东西，视其为祖宗的遗物的缘故。但是他希望广东人可以
明白，祖宗所遗留下来的东西是需要可以用的。既然可以用电灯
代替古时的灯，可以用电车或汽车代替人力车，为什么就不能在
思想文化上发生一些变化呢？

胡适的这番言论或许只是随口一提，然后就又将话题转回到
了对香港教育的期望上，希望香港能成为第一个实现义务教育的
地方，希望香港能够成为南方新文化中心。然而他针对广东教育

的那些言论都被刊登在了第二天的报纸上，并被广东的军阀陈济棠看到了。

在广东主张读经的人正是陈济棠，而且他已将这一主张经西南政务会议正式通令到了西南各省。胡适的公然斥责令他十分不满，于是他决定取消胡适接下来原定于广东的讲学。然而胡适对此事并不知晓。

1月9日早晨，胡适到达广州，在码头附近只见到了几位老朋友，而没有见到其他欢迎的人，心中有些奇怪。直到看了当天的报纸之后，他才知道有人在西南政务会议上提到了他在香港的那段讲话。随后，他又收到了两位朋友的来信。一封信中提醒他在广东一定要万事小心，另一封信中则告诉他当局对他在香港的言论极其不满，并劝他快些离开广东省，不要举行任何的演讲，以免发生纠纷。

胡适此时才明白自己得罪了人，但他并没有因此感到紧张或害怕，而是让一位好友带他去见了陈济棠。或许他是想通过面谈与陈济棠解释清楚，让对方接受他的理论，然而真的见到了陈济棠后，他才发现自己简直是"秀才遇到兵，有理说不清"。

陈济棠一见到胡适，就很不客气地对胡适说，读经和祀孔都是他主张的，拜关公和岳飞也是他主张的，他有他的理由，而他的理由就是生产建设可以尽量用外国的机器，外国的科学，甚至可以聘请外国的工程师，但"做人"的"本"必须要去中国古代文化中寻找。胡适耐心地听完陈济棠的理由，然后心平气和地对他说："依我的看法，伯南先生的主张和我的主张只有一点不同。

我们都要那个'本',所不同的是:伯南先生要的是'二本',我要的是'一本'。"

胡适向陈济棠解释,生产建设要科学,做人要读经祀礼是"二本"之学,而生产要用科学知识,做人也要用科学知识是"一本"之学。然而陈济棠并不能理解胡适所说的,也争辩不过胡适,最后只得将中国教育骂了一通,说"现在中国人学的科学都是毛皮","都是亡国教育"。胡适见状,知道再继续谈下去也无济于事,只得转身离开。

当局为了阻止胡适的演讲,包围了中山大学,中山大学的校长邹鲁见状,只得托人向胡适表示歉意,说原本出了布告让学生们停课两天去听胡适的演讲,但看现在的情况,演讲只能取消了。

胡适此次广州之行原本有大约 10 场的演讲计划,演讲的场所除了中山大学,还有岭南大学、第一女子中学、青年会、欧美同学会等。胡适想,既然中山大学去不成,不如索性将广州其他学校的演讲也都一并取消,好好地游览一下广州的山水。于是,他利用在广州的日子游览了黄花岗、观音山、鱼珠炮台、中山纪念馆等著名景点和建筑。

虽然陈济棠对胡适下了逐客令,但胡适仍然深受当地师生们的尊敬和喜爱。胡适游览广雅书院旧址时,第一中学的学生们听说胡适在此,全都自发前来见他。胡适参观岭南大学时,学校的师生们也一直拿着纸和笔围绕在他身边。所有人都知道胡适不可能在此情况下进行演讲,但是能够与崇敬的人近距离接触,他们的心里也感到了一些安慰。

1月11日，胡适结束了广州的游览，乘坐飞机去了广西。他的此行计划中原本并没有广西，然而他在广东时接到了一封来自广西的电报，电报中称"粤桂相距非遥，尚希不吝赐教，惠然来游，俾得畅聆伟论，指示周行，专电欢迎。"想到广西大学中还有不少教员都是中国公学时的朋友，胡适欣然接受了邀请。

到达广西梧州当晚，广西大学为胡适举办了欢迎会，并希望他能借此来广西的机会为大家讲些东西。为了表示感谢，胡适于第二天在梧州中山纪念堂作了一次题为《中国再生时期》的演讲。演讲结束后，胡适飞离了梧州，到达南宁。在此，他同样受到了热烈的欢迎和热情的招待。在当地主人的盛情挽留下，胡适在南宁停留了12天，游览了广西各市，并做了8次演讲。

在广西的日子让胡适心情非常好，他非常喜欢这个没有一点迷信和恋古气息的省份，也非常喜欢这里俭朴的风气、良好的治安和武化精神。在离开广西当天，他还在飞机上作了一首小诗，以表达他喜悦的心情。胡适于1月24日先飞广州，再到香港，最后于26日登上了返回北京的船，结束了他的第一次南行。

驳尊孔读经

广东的经历对胡适个人来说并不算什么严重的事，虽然演讲被禁，但看到了当地师生们的热情。他甚至感慨，广州的武人政客们未免太笨，若是让他在广州演讲，可能人们去看看热闹，对他的话懂个五六成，也就散了，事情也就结束了。可那些人偏不，于是广州的少年人们就会一直在想胡适为什么不演讲，然后去想无数的问题，这样反而是帮助胡适宣传了他的"不言之教"了。

对于那些旧式文人的污蔑和责骂，胡适也可以一笑置之。用他自己的话说，他受了10余年的骂，从来不怨恨骂他的人，有时他们骂得不中肯，他反替他们着急，若是他们骂得太过火，他又要担心他们因此损了自身的人格。胡适说，如果骂他这件事能使骂他的人受益，那便是自己间接对其有恩，他是很情愿被对方骂的。就好比别人说吃了胡适的肉可以延寿一年半年，他定会情愿将自己的肉割给对方吃，并祝福对方。

从胡适这样的想法中可以看出，胡适待人是宽容的，大度的，即使对待仇视他的人也是如此。这一点从他为《西游记》杜撰出的"第八十一难"中也可知一二。在这段杜撰出的故事里他写到，唐僧在取得真经后梦见曾经遇到的妖魔鬼怪前来索命，便让3位徒弟将经卷送回大唐，自己则留下，召来了所有曾想吃他的冤魂，将自己的肉给他们分食了。妖魔鬼怪们吃了唐僧的肉都超生了，唐僧自己也修成了正果。最后，胡适还写了一首小诗："吃得唐僧一块肉，五万九千齐上天。如梦如电如泡影，一切皆作如是观。"

胡适不介意别人如何看他，骂他，却介意别人如何去看待文化和教育。回到北平后，胡适立刻收拾好心情，重新投入学术著作的工作中。而他发表的第一篇文章《我们今日还不配读经》就是针对"尊孔读经"一事而写的。

早在 1934 年 9 月，胡适就曾针对当时政府举办纪念孔子诞辰庆典一事进行过批评。他说，政府找不到救国的捷径，便产生了"做戏无法，出个菩萨"的心理，想用纪念孔子诞辰一事来"倡导国民培养精神上之人格"，"奋起国民之精神"，"恢复民族的自信"。这种心理若是由那些愚夫愚妇表现出来，是可怜而可恕的，但若是由政府表现出来，则是可怜而不可恕的。

对于当时政府所采用的想用虚文口号来复兴国民的精神和自信的做法，胡适感到荒唐可悲。他说，国民的精神和信心不是一朝一夕中颓废的，也不是一朝一夕中就能复兴的。这样的典礼除了添了一天的假期，二十几句的口号，以及几篇演讲词外，对人们的人格和民族自信起不到任何积极的影响。

在当时的社会中有着这样的言论，称近 20 年里世道会变得很乱，人欲横流，不讲仁义，只讲功利，都是因为丢弃了传统的礼教道义。还有人认为，不借重孔子，就无法实现"国民精神上之人格，民族的自信"。如此下去，不等外族来袭，国就已经要亡了。

胡适经历过封建传统的旧式教育，也接受过先进的新式教育，他亲身体会到民族缺乏自尊心和自信的情况并不是在最近的 20 年中产生的，而是有着悠远的历史根源。相反，他在最近 20 年中看到了一个快速进步中的中国，看到了比那个拜孔子的时代高明太多的人情风尚。帝制的推翻，教育的革新，儿女的独立和妇女地位的提高，腐朽社会风俗的消失等，这些都是中国在近 20 年中没有借助孔子而进步的证据。

　　胡适并没有否认最近 20 年中，国内仍然存在着许多弊病，但他说这些弊病的产生只不过是任何革命时代都不能避免的一点附产物，只能证明革命还没有成功，进步还不够。对于这些弊病，孔子法帮不上任何忙，也没有人能够通过开倒车的方式到达那个本来不存在的"美德造成的黄金世界"。想要改造一个国家，改造一个文化，只能向前走。

　　胡适不赞成尊孔读经另外的原因，是因为教书之人并不真的理解经书。他同意傅斯年所说的，"汉儒之师说既不可恃，宋儒的臆想又不可凭，在今日只有妄人才敢说诗书全能了解……今日学校读经，无异于拿些教师自己半懂不懂的东西给学生……六经虽在专门家手里也是半懂不懂的东西，一旦拿来给儿童，教者不是混沌混过，便要自欺欺人。"

　　胡适并没有对中国的传统文化进行全盘的否定，他曾在其《说儒》一文中肯定了孔子在历史文化中的积极贡献和影响，但他反对人们抱残守缺的态度，以及想用并不完全理解的"传统道德"去对人们进行教育的行为。

　　胡适从事了多年整理国故的工作，在这一过程中，他发现虽然一直有人在研究古书，但真正将古书研究明白的人却很少。以《诗经》为例，以前注《诗经》者都将《诗经·大雅·公刘》章云里"于'胥'斯原"的"胥"字解释成为"相"字，但事实上此处的"胥"应为地名。又比如《召南·采》章中的"于以采，南涧之滨，于以采藻，于彼行潦"一章的注解让人完全看不明白在说什么，但是将原文加上标点，成为"于以采？南涧之滨；于以采藻？于彼行潦"后，意思就立刻变得十分明了。

古时，说《诗》的人不肯说《诗》300篇有一半不可懂，说《易》的人不肯说《周易》有一大半不可懂，说《书》的人不肯说《尚书》有一半不可懂。到了近代也是如此，那些说《诗》说《易》和说《书》的经学家们，从来不肯老实承认这些古经他们只懂得一半。虽然到了近代，研究的工具和方法都比前人有所进步，但国学大师王国维先生都说他对《诗经》不懂的有十之一二，对《尚书》有十之五，胡适自然也不敢称自己对古书研究有多透彻。他对自己对经书的了解进行了估计后，认为自己恐怕还没有王国维那样的乐观，对《诗经》不懂的部分恐怕要到十之三四，而对《尚书》不懂的部分大约超过了一半。

在当时，大多数提倡读经的人对经书的了解远远不及胡适，即使是所谓的"专家"，对这些经书的了解也往往是一知半解，然而他们却并不肯承认自己对所教授的东西是不完全懂得的。只有近二三十年中的极少数专家和那极少数的"有声音文字训诂学训练的人"才能明白，才能相信这一见解确实是真的。

一般的文人都不一定肯相信傅斯年那句"六经虽在专家手里也是半懂不懂的东西"，所以胡适认为，此时最重要的不是教育学生们去读经，而是教育那些提倡读经的人们能够明白"六经虽在专家手里也是半懂不懂的东西"这一事实。否则，由这样的人去教学生们读经，既无益于儿童的理智，也无益于儿童的人格。

胡适认为，古代的经典已到了应受科学的整理的时期，《诗》《书》《易》《仪》《礼》固然有十之五是不能懂的；《春秋》

《三传》也都有从头整理研究的必要；就是《论语》《孟子》也至少有十之一二是必须经过新经学的整理的"。在此之前，任何人妄谈读经，或提倡中小学读经，都是无知之谈。

对于白话和新文学，胡适是执着的，也是肯定的。对于教育，他是严肃的，也是客观的。他所做的一切，为的都是能够让国内的年轻人受到最好的教育。所以他提倡学者们采用科学的方法，将旧的东西取其精华，去其糟粕，让传统的学术也可以朝着健康的方向发展。

谈自由主义

1935 年 5 月 5 日的《大公报》上刊登了一篇张奚若所写的《国民人格之修养》，胡适读过之后深有感触，于是将此文转载在了第 150 期的《独立评论》上，并附上了自己的感想，作为一次纪念的尾声。

张奚若在文中充分承认了个人主义在理论和事实上的利弊，并指出个人主义的最基本优点是它承认个人是一切社会组织的来源，并指出个人主义的精髓在于承认个人的思想自由和言论自由。胡适非常赞同张奚若的这些观点，认为他所提出的"个人主义"其实就是"自由主义"。

早些年的时候，胡适曾提到过，他眼中的"自由主义"应是"自己做主"。胡适的这种"自由"并不是古人们那种故意看不起压迫，然后将自己躲在一个远离外力的地方，过着隐遁的生活，也不是庄子所表达的那种像神仙一样行动自由、变化自由的内心境界。他所讲的"自由"是一种不受外力拘束压迫的权利，是在某一方面的生活不受外力限制束缚的权利，比如思想自由，又或者言论自由。不做傀儡，一切动作、思想、信仰都由自己做主。

秦朝之前，中国的自由思想十分盛行。虽然中国古代的历史上并没有真正出现过抬着"争自由"大旗而展开的运动，但争取思想自由的人却一直存在。早在春秋战国时代，老子的"天下多忌讳，而民弥贫"以及"民之难治，以其上之有为"等指责朝廷的言论都说明了他对自由思想的提倡和推广。到孟子，又有了倡导自由主义的政治思想，以及"贫贱不能移，富贵不能淫，威武不能屈"的"自由主义"理念。

然而到了秦朝，情势大变，于是越来越多的人开始为了思想和言论的自由而战，为了信仰的自由而战。然而由于这些运动都没有抓住政治自由的特殊重要性，所以始终没能走上建设民主政治的路子。胡适将这一点看作是东西方自由主义最大的不同之处，并说自由主义的政治意义是强调拥护民主，西方的自由主义绝大贡献正在这一点上。

胡适说，多年来北京大学中所提倡的新运动，包括蔡元培早期提出的"循思想自由言论自由之公例，不以一流派之哲学一宗门之教义梏其心"的原则，以及后来提出的"思想自由、学术独立、百家平等"的主张，其根本意义都是思想解放和个人解放。

在提倡个人的自由主义时，胡适提倡的是"健全的个人主义"。他说，个人主义有两种，一种是真的个人主义，另一种是假的个人主义，引用杜威先生的话来说，假的个人主义就是"为我主义"，只顾自己的利益，不管群众的利益；真的个人主义是个性主义，具有独立的思想，并对于自己思想信仰的结果负完全的责任，只认真理，不顾个人利害，这种个人主义才是"健全的个人主义"。

胡适将思想的转变视为在思想自由言论自由的条件之下个人不断地努力的产儿，他说如果个人没有自由，就没办法产生思想上的转变，社会也就无法进步，革命自然也不可能成功。他说，他早些年时一直推荐人们去读易卜生作品，其原因就是在易卜生所著的小说中，充满了提倡"健全的个人主义"的思想，即充分发展个人的才能，以及创造自由独立的人格。比如《国民公敌》中的斯铎曼医生身上所体现出的"贫贱不能移，富贵不能淫，威武不能屈"的精神，就是一种忠诚勇敢的人格。

在当时的社会中，有不少人对个人主义存在误解，或认为个人主义的人生观只应存在于资本主义社会，或嘲笑其是"十九世纪维多利亚时代的过时思想"。对于这些误解，胡适感到有些可笑，他说前者犯了一个滥用名词的大笑话，而后者则是根本不了解历史：个人主义并不是资本主义社会的专属产物，那些努力创造社会主义共产主义的志士们都是有着独立自由思想的人；至于维多利亚时代，马克思和恩格斯这样为了自由而奋斗终生的人都生活在这一时代中，而当时的中国距离维多利亚的时代还有很大的距离，又怎么有资格去嘲笑那个时代呢？

张奚若在文中提出应大量培养有"忠诚勇敢人格"的人，并说这样的人格无论在任何政制下都有无上的价值。胡适对此观点深表赞同，特别是在他对欧洲的历史进行了解和学习之后，他更加深信一个新社会、新国家，总是一些爱自由、爱真理的人造成的，正是因为十八九世纪的个人主义造出了无数爱自由过于面包，爱真理过于生命的特立独行之士，才有了今日的文明世界。

胡适说，民族主义有三个方面：最浅的是排外，其次是拥护本国固有的文化，最高又最艰难的是努力建立一个民族的国家。因为最后一步是最艰难的，所以一切民族主义运动往往最容易先走上前面的两步。比如苏俄的铁纪律中就含有绝大的"不容忍"的态度，这种不容异己的思想和自由主义是背道而驰的，也是胡适所不提倡的，然而很不幸的是，一些人刚刚推翻了一种不容异己，又学会了另一种不容异己；刚刚降低了极端地叫嚣的排外主义，又开始拥护旧文化和旧制度。

胡适的一位老师曾在 80 岁时对胡适说，年纪越大，越觉得容忍比自由更重要。这句话深深地印在了胡适心中。胡适赞成老师的话，也明白老师为什么会这样说。他说，容忍是自由的根源，也是自由的保障，没有容忍，就没有了自由，不是东风压倒西风，就是西风压倒东风，无论哪一种，都是对自由的摧残。

胡适说，如果多数人不能容忍少数人的思想信仰，那么少数人当然不会有思想信仰的自由。同样，如果少数人不能容忍多数人的思想信仰，时常怀着夺权以排除异己的心理，那么多数人也自然会想要将他们"斩草除根""以绝后患"。在容忍这方面，他很欣赏丘吉尔没有因为两千两百万的选民没有继续投他的票而动刀动枪的行为，并说，这就是民主政治的可贵之处。

胡适说，自由主义的第一个意义是自由，第二个意义是民主，第三个意义是容忍，第四个意义是和平的渐进的改革。对于当时的很多年轻人来说，他们可以理解胡适提出的前三点，却不能接受第四点，认为想要革命就必须采用专制和暴力，铲除一切反对党，消灭一切阻力，这样才能实现他们的根本目的。胡适能够理解他们为什么这么想，但他要提醒这些人，自由主义是尊重自由与容忍，反对暴力革命与暴力革命必然引起来的暴力专制政治的。

胡适将中国 2000 多年的政治思想史、哲学思想史、宗教思想史都看作是说明了中国自由思想的传统的实例，并希望人们能从这些历史中学到一些方法，知道将来应该如何为了自由而努力。他提醒那些仍然把自由当成有产阶级的奢侈品，口口声声说着人民不需要自由的人，假如有一天他们都失去了自由，到那时，他们才会真正明白自由并不是奢侈品，而是必需品。

反华北"自治"

1935 年 1 月起，日军开始了对华北地区的侵略，并提出了将华北"自治"的要求。日军这一行为的根本目的是为了将华北从中国的领土上割离出去，彻底成为他们的殖民地。在此之前，他们已用相同的手段侵占了东三省，并在东三省成立了所谓的"大满洲帝国"，也就是历史上的伪"满洲国"。

在日军建立伪"满洲国"之前，胡适便提出了抵御外敌不能依靠他人，只能依靠自己的观点，并主张作一个 5 年或 10 年的自救计划，咬定牙根做点有计划的工作，在军事、政治、经济、外交和教育方面都做好"长期拼命"的准备，然而他的主张在当时没有起到有效的作用。伪"满洲国"建立后，胡适又向所有人发出了警告，声明整个文明世界的道德制裁力已到了千钧一发的试验时期，如果这样严重的全世界公论的制裁力在这个绝大危机上还不能使一个狂醉了的民族清醒一点，那么这个国家和整个文明世界都要准备过 10 年的地狱生活。第二年，胡适的预言果然成真。在侵占了东三省后，日军用仅仅 10 天的时间侵占了热河。

胡适非常心痛，发表文章追问"我们为什么这样的不中用"？他希望国人和当时的政府能够对此事进行反省，认清造成这一局面的原因是整个国家没有现代化，没有走上科学的道路，并且整日醉生梦死，"既不能自立又不肯埋头学习人家自立的本领。既不能吸取他人的新把戏又不肯刮除自己的腐肉臭脓"。他希望国人都能够醒悟，认清自己的地位，承认自己此时的不中用，戒掉骄躁和狂妄自大，学会虚心学习，因为这是唯一能够自救的方法。

日本不许国人谈论此事，于是当时的政府便对伪"满洲国"的建立闭口不提。然而一向以学者身份出现在众人面前的胡适却表现出了他的勇敢，大声喊出了不同的声音。他说："我们的敌人要我们不谈这个问题，难道我们就乖乖地不谈它了吗？我们必须时时刻刻提出这个问题，天天谈，日日谈，站在屋顶上大喊，锲而不舍地大喊。"他大声呼吁当时的政府不要因为担心敌人的忌讳就忽略了国土被侵占这一事实，不要令东三省的人成为任由日本帝国主义蹂躏和宰割的对象。

对于战争，胡适一直是不提倡的，但他并未因此反对抵抗日本侵略的活动，并且对那些在抗战中英勇牺牲的将士们一直心怀敬仰。

同年，胡适被邀请为一群在抗日战争中牺牲的将士们写一篇碑文。他欣然同意，并在碑文中对牺牲的将士们进行了高度的赞扬和歌颂。然而两年后，何应钦命令将一切抗日纪念物隐藏，胡适的这篇碑文也不得已被涂去。胡适十分感慨，由于此碑立于大青山下，于是他另作了《大青山公墓碑》一诗。

"雾散云开自有时，暂时埋没不须悲。青山待我重来日，大写青山第二碑。"在诗中，胡适安慰自己，同时也安慰那些亡魂，不需要因为暂时被埋没而感到悲哀，他相信将士们的鲜血不会白流，迟早有一天，战争会结束，国内的局面会转变，那时他就可以重新为他们作祭奠之词。

到了1935年，胡适希望见到的局面仍然没有形成，不但如此，华北也被日本帝国主义强行掠夺。更令人气愤的是，华北当局不但不进行反抗，还采取了支持侵略者的措施，当局的这一系列行为让胡适十分悲伤和失望，也激起了许多爱国人士的强烈不满。

同年11月19日，华北当局召开了有关"华北自治"的宣告会，胡适参加了这次会议，并在会上对于政府同意对冀察进行"自治"的决定首先表示了强烈的反对。之后，其他的与会人员也都站起来表达了强烈的反对意见。

会议结束后，胡适对朋友们宣布，自己将从以前的世界主义转为爱国主义，他的朋友们都认可并支持他的决定。11 月 24 日，胡适与蒋梦麟、梅贻琦等 20 余人共同发表声明，要求政府用全国力量维持国家领土及行政的完整。当天晚上，胡适还就华北当时的问题写了一篇评论，指出华北的"自治"并非如日方所说，出自所有华北人民共同的意愿，并提醒大家一味地退让只会让敌人得寸进尺，让自己受到更多的耻辱。

华北当局不但没有考虑胡适等爱国人士的提议，反而加大了压制力度，在日军提出成立"冀东防共自治政府"，企图将华北"自治"，华北当局不但同意了日本帝国主义的要求，还于同年成立了"冀察政务委员会"，任宋哲元为委员长，以辅佐"冀东防共自治政府"在华北实行"自治"和"华北政权特殊化"。华北当局的这一决定更加激怒了爱国群众。

消息传到北平，北平学生联合会决定举行游行活动以表示抗议。然而就在学生们喊着"反对华北自治""打倒日本帝国主义"等口号游行途中，国民党军警对学生们进行了镇压，打伤了一部分学生，又抓捕了一部分学生。此事令北平的学生们极其愤怒，于是他们决定通过罢课的方式表达抗议。

能够看到学生们的爱国热情，胡适的心中是喜悦的，也是欣慰的，但这并不能令他对学生们的决定和行为表示赞同。他一直不赞成学生参加游行、罢课一类的活动，无论出于什么理由都不赞成。

胡适在美国留学时就曾提出，对学生来说最重要的事情是学习，应先将课业学好，之后再以知识报国。如今，他也以同样的角度去劝那些学生们不要罢课，希望学生们先努力学好知识，认清他们的目标和力量，以及正确的方法和所处的时代。他说，十几年前，学生为了爱国事件罢课可以引起全国的同情，然而到了现在这个时代，罢课已是用滥了的武器，是最无益的举动，不但不能让学生们被同情，还会让他们被社会轻视和厌恶。

此时的胡适仍然坚持着自己一直以来的"学术救国"思想：他告诉同学们，他们之前的两次抗议已经足以唤起民众的爱国热情；他劝他们认清报国的目标，努力使自己成为有知识有能力的人，以供国家需要；他提醒他们，如果在这时荒废了学业，不但不能对救国有任何帮助，还放弃了身为青年人应有的责任，破坏了国家将来的栋梁。

胡适的劝告没能对学生们起到作用，罢课还是发生了。但胡适并没有放弃，他一边指责当局对待学生们的方式，一边继续呼吁学生们回到学校上课，不但希望学生们马上复课，还希望学生们能够主动要求取消此学期的年假和寒假，安心在学校补课和复习。

虽然胡适不停地传播着他的理念，但学生们对他的话并没有产生共鸣。1936 年 1 月 4 日原本是北大定下的复课的日子，然而到了复课日当天，学生们却仍然不肯回去上课，甚至贴出了反对复课的布告。为了让学生们回到学校上课，胡适、蒋梦麟和周炳琳三人亲自站在北大的校门口，见到学生便劝他们回去上课。然而无论他们怎么劝说，学生们都不肯接受复课的要求。无奈之下，北大决定从 8 日开始正式放寒假。

论人当持平

1936 年 7 月，胡适赴美参加第六届太平洋国际学会的会议。11 月，他突然收到了一封从国内寄来的信件，信中一字一句尽是攻击鲁迅的语言，并对鲁迅进行了咒骂。信是他曾经的学生、此时在武汉大学任教的苏雪林所写，在信中，她声称要"向鲁党宣战"，还想在《独立评论》发表一篇有关"论鲁迅"及"打倒刀笔文化"的文章，写信给胡适，为的就是希望胡适能够同意她的请求。

苏雪林写下此信时，鲁迅刚刚病逝不久。此时，国内一片哀痛的气氛，大部分民众都在哀悼这位中国新文学的奠基者，感叹他在中国文坛中做出的贡献。苏雪林却恰恰相反，不但称鲁迅是"刻骨残毒的刀笔吏，阴险无比，人格卑污无比的小人"，还对蔡元培出席鲁迅治丧委员会并主持鲁迅葬礼一事气愤不已。

苏雪林知道鲁迅生前与胡适持有的政治观点是对立的，而且鲁迅曾就一些观点对胡适进行过严厉的批评和尖锐的讽刺，她写信给胡适，也是以为胡适能够支持她的想法和做法。令她没有想到的是，胡适不但没有赞成她的做法，还劝她不要攻击其私人行为，这令她大失所望。

事实上，若不是胡适与鲁迅后来因为一些观点上的不一致，两人本能成为好朋友。早期，胡适曾对鲁迅的小说表示过充分的肯定和赞扬，说当时"成绩最大的却是一位托名'鲁迅'的。他的短篇小说，从四年前的《狂人日记》到最近的《阿Q正传》，虽然不多，差不多没有不好的。"在此之后，两人曾有过几年的书信来往。因为他们都反对旧道德、旧礼教，提倡科学与民主；反对文言文，提倡白话文，所以经常一起就写作和学术进行交流和研究。

在针对学术问题进行讨论时，鲁迅和胡适一向直来直去，有什么想法都直接说出来。如果一人的观点中存在错误，另一人一定会当即指出，从不避讳，也不拐弯抹角。即使观点不同，两人也只是会就问题本身进行讨论和研究，从来不会因此闹出不愉快。后来，因为不同的选择，胡适和鲁迅开始疏远。而自从胡适开始表明自己对政治的关心，并不时对时政提出建议后，鲁迅对他的态度就彻底发生了转变，并且不时对胡适进行批评。

对于社会中的黑暗面，鲁迅以笔为矛，将其一一戳破，并用辛辣的语言进行批判和讽刺，不给其留有一点余地；相比之下，胡适却表现得十分大度和温和，虽然他也看不惯那些污浊腐败的现象，也指出了社会和国家的弊病，但他采用的语言则要婉转得多，态度也要缓和得多。

在有关"整理国故"的事情上，胡适赞成用科学的方法去指导国故研究，以"为真理而求真理"作为批评各家学术的标准，而鲁迅则认为"整理国故"之事存在种种弊端，有助于复古派的复苏。

在有关学生运动的事情上，胡适号召学生们将精力全都放在学习上，不要参加游行、罢课一类的活动，以免荒废学业，鲁迅则鼓励青年们多关心时事，不要"两耳不闻窗外事，一心只读圣贤书"，并且支持学生运动。

鲁迅对胡适的一些政治言行进行了无情的批判和讽刺，但胡适却并未因此与他争吵过，还在写给他人的信中表达了自己对鲁迅一直以来的敬爱。接到大骂鲁迅的信件后，胡适的态度也非常明确，他开导苏雪林说，鲁迅猖猖攻击他们，并不能损他们一丝一毫，而且人已经死了，就应该撇开一切小细节不去谈，只去讨论他的思想究竟有什么，经过几度变迁，他的信仰是什么，否定的又是什么，哪些是有价值的，哪些是无价值的。这样进行批评，才能有效果。

胡适说："凡论一人，总须持平。爱而知其恶，恶而知其美，方是持平。"可见他对人对事一向都是客观的。在信中，胡适提到鲁迅的长处在于其早年的文学作品，小说史研究也是"上等工作"，虽然之前陈源曾误会鲁迅的《小说史略》是抄袭了日本人盐谷温的文学作品，并就此事对鲁迅进行了攻击，但如今那本日本文学已有中文译本，足以证明鲁迅的《小说史略》并非抄袭，自然也应该还鲁迅一个公道，而且最好由陈源本人写一篇短文进行澄清。

至于苏雪林在来信中提到的鲁迅学说在国内广为流行，甚至形成了一种宗教一事，胡适也视之为平常，并认为这种形象并不足以为害。他说："青年作家的努力也曾产生一些好文字。我们开路，而他们做工，这正可鼓舞我们中年人奋发向前。他们骂我，我毫不生气。"

苏雪林随信一同寄去的，还有她写给蔡元培的信的初稿。在这封信中，她同样对鲁迅进行了恶意攻击、谩骂和诽谤，称其"腰缠久已累累"，"身拥百万之产"，"诚玷辱士林之衣冠败类，廿五史儒林传所无之奸恶小人"……但凡有良知的文人们读过这封信后，都会感到写信之人缺乏教养。胡适读过之后也十分不满她的言论，于是在回信中告诉她这些话都不是她应该说的，特别是有些句子属于旧文字的腔调，应该戒除。

林语堂曾称胡适在人格上"是淡泊名利的一个人，有孔子最可爱的'温温无所试'可以仕可以不仕的风度"，又说"胡适之先生在道德文章上，在人品学问上；都足为我辈师表。一时的毁誉……适之先生全不在乎。这'不在乎'三字正是适之先生高风亮节的注脚，是胡先生使我们最佩服最望风敬仰望尘莫及的地方。"

从胡适对待鲁迅一事的态度上，我们可以看出林语堂此言不假。正是因为心存这种"不在乎"，当鲁迅对他进行讥诮，他保持沉默；当鲁迅与"现代评论派"的陈西滢发生笔战时，他表示惋惜并从中劝和；甚至当鲁迅误解他称他是"日本帝国主义的军师"时，他虽生气，却也没有采取激烈的反驳。

鲁迅病逝后，为了《鲁迅全集》的顺利出版，胡适也尽了不少的力。当时，由蔡元培、许寿裳、周作人等人成立的鲁迅全集编辑委员经过再三考虑，打算请商务印书馆出版此文集，然而他们都不认识商务印书馆的人，不知如何与对方联系上，最后，他们决定请胡适帮忙从中疏通关系，没想到胡适当即同意了。对于当时鲁迅全集编辑委员会的所有人来说，胡适的帮助解了他们的燃眉之急。

胡适先为许广平写了介绍信，又写信给商务印书馆的经理王云五，对其说明了事由。数日之后，许广平与王云五见了面，一切都谈得很顺利。事后，许广平也曾写信向胡适表达感激之情。可惜的是，《鲁迅全集》还没来得及出版，商务印书馆就在战火中被炸毁了。但即便如此，胡适在《鲁迅全集》的出版过程中也是功不可没。

一个人能够做到胡适这样的"不在乎"实属不易：别人的讽刺他不在乎，别人的误会他不在乎，别人的恶言相向他也不在乎。有了这样的"不在乎"，他才能够不计较别人对他的攻击，不怨恨曾经针对过他伤害过他的人，永远用客观的心去看待和分析每一个人，每一件事，做到真正的持平。

难以挣脱的无奈

狠心弃教育

《独立评论》的发展一直比较坎坷，由于此刊一直本着自由论政的原则，在谈论政治时从未刻意避讳任何人或事，自然也就难免因得罪一些人而收到当局的禁令，或者被扣留刊物。即便如此，《独立评论》的成员们从来没有因此缩手缩脚或者放弃出版。

1936 年，张奚若在《独立评论》第 229 期上发表了一篇《冀察不应以特殊自居》的文章，文章矛头直指当时的冀察政务委员会委员长宋哲元，对于当局来说，此举无疑是公然与当局作对，所以此文一经发表，北平当局就派人封了杂志社，并要求杂志社将张奚若交给他们处理。

查封刊物事小，一旦涉及抓人，事情就闹大了。北平最高法院院长邓哲熙考虑到这一点，心存顾虑，于是急忙通知蒋梦麟和梅贻琦，让他们二人从中调解，将责任都推到胡适身上。果然，北平当局在听说此事是胡适的责任后，不再继续逼迫杂志社交人，而是同意等胡适回来之后再做处置，使张奚若免了牢狱之灾。

此时的胡适正在美国参加太平洋国际学会的会议，对停刊一事毫不知情。12 月 1 日，他抵达上海，从报纸上知晓了此事，便立刻发电报给北平市长秦德纯，主动承担起了所有的责任。

到胡适回国之时，《独立评论》已停刊 3 个月。12 月 10 日，胡适回到北平，表达了希望将《独立评论》继续办下去的意愿。陶希圣与法院的人比较熟悉，便自告奋勇前去疏通，向邓哲熙详细分析了《独立评论》在全国范围内的影响力，并指出若是停刊，必然会对宋哲元产生更多不利的影响。邓哲熙听过之后，认为陶希圣的分析不无道理，但关于复刊一事还是需要谨慎处理。最后，邓哲熙提议让胡适写信向宋哲元表示歉意并示好。

陶希圣将邓哲熙的提议转达给胡适，胡适欣然同意，并认为即使在信中道一句歉也是无妨的。之后，胡适动笔给宋哲元写信，就自己不在北平期间，《独立评论》因刊登了张奚若教授的文章而开罪了宋哲元一事表达了歉意，并希望宋哲元能够在之后随时对刊物进行指摘，若是有言论失当之处，必将及时更正。胡适态度诚恳的道歉让宋哲元消气不少，于是同意了《独立评论》复刊一事。

《独立评论》复刊后，读者们都非常高兴，然而随着抗日战争的爆发，社员人手的短缺，社会环境混乱等现实令《独立评论》不得不再次停刊。彼时，《独立评论》便彻底消失了。

胡适一直提倡和平主义，从不主张轻易作战，然而 1936 年 8 月，胡适却在写给友人的信中表示，自己从同年 6 月起就开始渐渐放弃了这一立场。随着国内形势越发严峻，胡适的和平主义思想也越来越淡。1937 年的卢沟桥事变发生后，胡适曾对人说，终不能避免的大战争让他形成了"和比战难百倍"的见解。一个月后，日军对上海发动了大规模的侵略，这让胡适对和平更加不抱希望，抗日的念头也越发坚定。

1937 年的北平处境十分艰难，为了不中断对学生们的教育，同时保证学生们的安全，教育部部长找来蒋梦麟、胡适和傅斯年商量对策。在胡适的提议下，教育部最后决定将北大、清华和天津的南开大学一起南迁至长沙，再在长沙成立一所临时大学。8 月 8 日，教育部颁布了《设立临时大学计划纲要（草案）》，并在南京设立了临时大学筹备委员会。8 月末，北大校长蒋梦麟被指派为临时大学筹委会常务委员，与张伯苓和梅贻琦一同负责临时大学的筹备工作。

此时，蒋梦麟身在外地，于是胡适急忙打电话给他，要求他尽快回到南京，一起商量关于北大迁校的具体事宜。在战乱中迁校是非常困难的，在所有人的共同努力下，北大终于迁到了长沙，然而同年 12 月，由北大、清华和南开共同组成的临时大学却因大批难民涌入长沙而不得不再次搬迁。

对于教育一事，胡适从未松懈，即使是在抗战的岁月里，他也同样关心着祖国的教育事业。他曾在 1937 年 11 月的一次会议上发表过四个意见：国防教育不是非常时期的教育，而是常态的教育；教育的中心目标应该是国家高于一切；推行天才教育并恢复同等学力的教育；教育必须是独立的，为官之人不应兼任公立或者私立学校的校长或董事长。

虽然那次会议主要讨论的是抗日之事，但胡适身为一名教育者，心中最挂念的还是教育的发展，所以在会上大谈教育观点，并且所发的言比其他人都要多。当有人用"吾家博士真堪道，慷慨陈词又一回"的诗句来打趣他时，他也不生气，反而作诗回敬道："哪有猫儿不叫春？哪有蝉儿不鸣夏？哪有蛤蟆不夜鸣？哪有先生不说话？"在胡适看来，自己这样做是再自然不过的事。

局势越来越紧迫，胡适有心继续留在南京，为祖国尽一分力量，然而就在 1938 年 9 月，他却接到调派，让他以非正式使节的身份出访欧美，进行国民外交和抗战宣传工作。胡适起初并不同意，他对前来劝他的王世杰说："战争已经很危急，我不愿意在这时候离开南京，我愿意与南京共存亡。"然而一时间，国内实在难以找到比胡适更适合的人接任，于是王世杰不得不一再对胡适进行劝说。可是谈话持续了一个星期，胡适想要留在国内的决心还是没有丝毫动摇。王世杰实在无奈，只好将傅斯年找来，请其代为劝一劝胡适。

傅斯年劝了胡适多次，在最后一次劝说时，他对胡适说，如果自己有胡适这样的名望和地位，一定会主动要求前往，因为这是为了抗日。说着说着，傅斯年的眼泪落了下来。看到傅斯年这样，胡适终于动摇了。最后，胡适接受了调派，与钱端升和张忠绂一起出访欧美，开展外交活动，陈述日本的罪行，以争取国际的支持。

出国前，胡适给带着小儿子胡思杜在天津避难的江冬秀写了一封信。在信中，他告诉江冬秀自己要出门，走万里路，虽然辛苦，但比在国内要安全得多，请她不要担心，并将思杜托付给她。胡适的大儿子祖望之前一直跟在胡适身边，如今已长大成人，胡适决定将他带到武汉，托付给武汉大学的朋友，让他在那里等待第二次招考或做旁听生。

离开上海前，胡适心中对此行充满信心。此时的胡适已不再是当初那个寄希望于和平主义的胡适，他对他的几位朋友说："我已不再祈望和平，这一个月的作战至少对外表示我们能打，对内表示我们肯打，这就是大收获。"

在前往武汉的途中，胡适给北大的秘书长郑天挺写了一封信，说明自己将要放弃教育事业，出访欧美之事。由于当时的北平已被日军占领，很多话都不便明说，于是胡适将自己出访之事称为"经商"，说自己这样半途出家，暂作买卖人，谋蝇头小利，肯定会被各位嘲笑，然而自己却不得不这样做，因为"寒门人口众多，皆沦困苦，我实不忍坐其冻馁……"从他的这番话中也可看出，他对于不能继续从事教育工作这件事心存惋惜。同时，胡适也对国内的朋友们寄予希望，但愿他们可以坚持从事研究工作，"将来居者之成绩，必远过于行者，可断言也"。

为国难奔波

9月6日，胡适等人到达了香港。因台风的原因，飞机无法立刻起飞，于是他们不得不在香港暂住，直到20日才再次起程。漫长的旅途让胡适一行人都疲惫不堪，等他们到达旧金山时，胡适已牙痛得无法进食，但他还是于当天下午应华侨们的邀请进行了一场题为《中国能战胜吗》的演说，以此激励旧金山的华侨们一定要对抗日战争有信心，要团结抗日。在接受美国记者的采访时，他也表示日本军队已经暴露了他们的弱点，这次抗日战争一定会胜利。

出国前，政府给了胡适三人4500美元的经费。起初，胡适本想给钱端升和张忠绂每人每月一定的钱作为薪水，自己不领薪水，然而钱、张二人见胡适不肯领薪水，他们也不肯领。于是这些钱全部用在了他们在美费用的实报实销上。

由于美国的开销较大，所以胡适三人在美国一直尽量节省开支。刚到美国时，钱端升选了8元一天的房间，胡适因为经常需要招待客人，选了10元一天的房间。张忠绂因为在汉口耽搁了些日子，等到达纽约时，旅馆里只剩下14元一天的房间，他没办法，也只好租下了。张忠绂不好意思，想与胡适换一下，却被胡适以太麻烦为由拒绝了。后来旅馆里有了便宜的空房间，张忠绂再想换，又被胡适以张忠绂"管理电报文件等，住大一点的房子也好"为由阻止了。

在纽约，大旅馆的门口都有服务生帮人叫车和开车门，一旦接受了他们的服务，就必须给至少两角五分的小费，否则"有损国体"。为了节省这部分的开支，胡适等人往往都会直接走出旅馆，等走到服务生们看不到的地方再叫车。

出国前后，胡适一直都有着一个比较乐观的"好梦"，就是"在不很远的将来也许有一个太平洋大战，我们也许可以翻身"。但他也知道，即使这场大战真的会发生，在此之间中国还是要苦撑三四年，并且不能期望任何国家参与中国正在承受的这一场抗日战争。他说，中国必须破釜沉舟，只有到了中国和日本都打得筋疲力尽时，中国才可以期望有国际援助。否则，太平洋大战就不可能被促进。

此时的胡适已经彻底放弃了他曾经的和平主义，他充分意识到战争不会以人们的和平意愿为转移，也意识到侵略战争不能退让。他希望美国人民也能意识到这一点，并提醒他们，即使美国一直保持中立的立场，当战争发生到不可收拾的局面时，最终还是会将美国卷入战争之中。

胡适理解美国人不愿卷入战争的心理，也知道即使美国人民对中国此时的遭遇深表同情，但他们一定不会参与其中。所以他向美国人民表示，此行的目的并不是想要动员美国参与到这场激烈的战争中，与中国人民并肩作战。他相信美国人民对和平的热爱，也同情他们想要置身事外的期望，他只想提醒他们，这样的感情和态度并不能避免灾祸的发生。

9 月 30 日晚，胡适在住所写下了上面的内容，想将这些内容作为他第二日在哥伦比亚电台演说之用。为了证明他的观点，他将美国在"一战"中的经历引用了出来，作为证明"战争不会以人们的和平意愿为转移"的例子。哥伦比亚电台的负责人在读过胡适的这篇讲稿后，认为有些用词太过厉害，希望他能适当修改一下，却被胡适坚决地拒绝了。胡适说，如果改稿，他宁可取消演说。电台的人听了，只得同意他就这样讲了。

胡适此次在电台演讲的主题是表达中国在目前的危机中对美国的期望，他说："中国对美国所期望的——是一个国际和平与正义实际与积极的领导者。一个阻止战争，遏制侵略，与世界上民主国家合作策划，促成集体安全，使得这个世界至少可使人类能安全居住的领导者。"

电台的演说十分成功，胡适刚刚录完节目回到住所，就接到了王正廷和一对美国朋友的贺电。好友的贺电让胡适感到高兴，不过真正能让他高兴的事不在于朋友赞同他的演说，而是美国人也赞同他的演说。他希望自己的演说能够让美国人从他们的孤立主义中走出来，能够真正意识到这种孤立主义的危害。

10 月 8 日，胡适一行人到达华盛顿，住进了中国大使馆。4 天后，胡适见到了美国总统罗斯福。罗斯福十分关心战局，也十分关心中国的军队是否能够撑得过冬天。胡适告诉他军队可以过冬，并劝他放弃妥协的思想，用明快的眼光判断是非。

11 月 13 日，胡适在纽约进行了题为《远东冲突后面的问题》的讲演，对美国人说，中国需要和平，可日本在 6 年里发动了 7 次战争，让中国不得和平；中国需要统一，可日本不断想要将中国分裂，在中国的领土上建立日本的"伪政府"；中国需要外来经济和工业帮助，可日本却一边宣布停止对中国施以援助，一边试图粉碎南京政府。日本帝国主义的这些行为与中国国家主义合法的渴望发生了强烈冲突，正是因为日本做了太多令人发指的可耻行为，中国人才会对他们有如此强烈的恨，并产生如此激烈的反抗。

胡适还提到，自1900年后，国际上开始出现各种"公约"，人们签订这些"公约"的根本目的是想要在新世界中建立起一定的秩序，然而日本帝国主义用残暴的手段将这些秩序破坏了。当中国向国联控诉时，日本竟然采用了退出国联的方式来为自己的行为开脱，称他们之所以发起战争只是出于自卫。日本的这些破坏新世界秩序的行为足以让他成为全世界的敌人，并且是"第一号敌人"。

12月9日，胡适在华盛顿的"女记者俱乐部"发表演说，他告诉在座的各位，此时日本正在攻打南京，即使南京失守，中国也不会放弃反抗，那么中国的抗战就会继续延长两三年。胡适的一系列演说都对美国人民和政府产生了一定的积极影响，也令他们对日本产生了一定的排斥。

胡适在出使美国期间作过一首诗："偶有几茎白发，心情微近中年。做了过河卒子，只能拼命向前。"在写给江冬秀的信中他曾说："我是为国家的事来的，吃点苦不要紧。我屡次对你说过'留得青山在，不怕没柴烧'，国家是青山，青山倒了，我们的子子孙孙都得做奴隶。"在胡适看来，在美国，为国事奔走是自己的责任，所以从踏上这片土地那一天起，他整日忙于各种会面、讲演之类的活动，"美国住了近6个月，只看了一次电影、一回戏，连老朋友林行规夫妇都不曾好好接待"，也经常顾不上休息。

到了1938年2月时，胡适从国内带出的现金几乎要用完了，这也意味着3人的任务马上就要完成了。当时，美国已有四五所大学对胡适发出了邀请，希望胡适到他们的学校任职，对于很多人来说，这无疑是极好的机会，可胡适并没有立刻答复他们。此时在他面前有3个选择，一是回国，二是接受美国大学的邀请留下任教，三是继续去其他国家游说，他需要仔细考虑一番。

最终，胡适的选择是于7月前往欧洲，向英国、法国、瑞士等国说明中国抗战的意义。这一决定完全出自他的自愿，可见他的爱国心和责任心之强。只不过他的这一意愿并没有实现，7月20日，他在巴黎收到了国内发来的电报，电报中说，中国驻美大使王正廷任期已满，希望胡适能够接任美国大使一职。

胡适有心为祖国尽力，却不想给自己安上这样一个身份。于是他以自己二十余年闲懒惯了，无法胜任这样重要的职务为由，希望能够另选他人。他的朋友们得知他的想法，都劝他不应在国难当头之时拒绝就任这一职位。因为在当时国内外的人看来，胡适无疑是最合适的人选。

一星期后，胡适又收到一封请他出任美国大使的电报。他思量再三，终于在回复的电报中写道："国家际此危难，有所驱策，我何敢辞。唯自审二十余年闲懒已惯，又素无外交经验，深恐不能担负如此重任，贻误国家，故迟疑至今，始敢决心受命。"

辛劳的大使

1938 年 9 月 13 日，胡适被任命为驻美大使一事得以宣布。胡适知道一切都成定局，于是他在日记中写下："21 年的独立自由的生活，今日起，为国家牺牲了。"虽然他本人并不情愿，但这一消息却是令国内外的华人和媒体都十分高兴的。对中国人来说，胡适在美国留学多年，对中美文化都有着深入的了解，在与美国进行沟通时也必然能够很顺利。对于美国人来说，胡适一直是位不偏不倚的学者，是位诚实的哲学家，这样一个人在从事外交活动时必然也会从客观的角度出发，对事实进行描述。

江冬秀得知胡适出任大使之后，不但不感到高兴，反而更多担心。胡适知道她心里担心的是什么，于是写信宽慰她，表明自己仍然无心参政，也不想做官，只是此时国家有难，他没办法不接下这个重担。在写给江冬秀的信中，胡适写道："我 21 年做自由的人，不做政府的官，何等自由……我声明，做到战事完结为止。战事一了，我就回来仍旧教我的书。"

上任第二天，胡适得知了南京政府有意请罗斯福出面调停，但被罗斯福拒绝的消息。得知此消息后，他立刻给国内发了电报，对南京政府此举进行了劝阻。在电报中，他说："6 年之中，时时可和，但时至今日已不能和。6 年中，主战是误国，不肯负责任主和是误国，但今日屈服更是误国。"

10 月 5 日，胡适再次到达华盛顿。这已不是胡适第一次访美，然而相比于前几次，这一次胡适感到身上沉了许多。他非常清楚，之前自己到美国来，分别是以"学生胡适"和"学者胡适"的身份来的，代表的只是他自己，所说的也都只代表他的个人观点。即使在上一次非正式访美的过程中，他的身份也只是北大文学院的院长，而这次他的身份是中国驻美国大使，所代表的是整个中国。

见面时，由于匆忙，胡适没来得及换上一套正式的外交服装，只是梳理了头发，不过这并没有影响他在罗斯福眼中的形象。罗斯福对于胡适的到来表示了诚挚的欢迎，以及愿意随时与中国合作的意愿，并允许胡适无论在美国遇到什么事情，都可以直接与他进行交涉。之后，罗斯福多次邀请胡适出席一些宴会。两人在交谈时常常并肩而坐，谈话的氛围也非常融洽，旁人见了，既感到不可思议，又对胡适感到羡慕。

10 月 21 日，广州失守。消息传到美国后，中国驻美国大使馆的工作人员都十分担忧而心痛。胡适见状，立刻鼓励大家千万不要失去信心，要意识到他们也同样是一支军队，而且是国家最远的一支军队，是国家最后的希望，一定不可以放弃责守。他对同伴们说："我是明知国家危急才来的，国家越倒霉，越用得着我们。"

由于美国人民和政府都已极度厌战，并且通过了《中立法》，表明不会给予任何参战方支持，所以前几任的驻美大使每次前去请美国借款给中国，都遭到了美国的拒绝。胡适了解到这一情况，知道自己如果还按照以往的方式去借款，去多少次都是徒劳。他想了很多办法，最后采取了以物易物的方式向美国提出商业借款。罗斯福本来对胡适的印象就很好，又十分同情中国的处境，于是很轻易就答应借给中国 2500 万美元桐油贷款。这一消息对于刚刚于 10 月 25 日攻下武汉的日军来说，无疑是当头一棒。

在刚刚得到胡适出任美国大使的消息时，日本就预料到事情会对他们非常不利，因为担心胡适会"故意诬蔑皇军的'王道政治'"，令美国产生浓烈的排日氛围，日本的舆论界甚至建议将日本当时著名的文学家、经济家和辩论家一同派到美国，以抵挡胡适对美国的影响。然而最终他们还是没能抵挡得了胡适。毕竟胡适是位天生的演说家，而且所言句句属实，字字切中要害，能够争取到美国的帮助也是情理之中的事。

做官对于胡适来说并不是件轻松享福的事。他本就是习惯了认真做事的人，在这种国难当头的时刻，他更加严格要求自己，让自己整日忙于工作和演讲，并且时常忙到很晚才能入睡。身体上的辛苦，精神上的痛苦，都是不好过的。虽然胡适说自己不怕吃苦，只希望于国家有点点益处，可是他的身体却向他发起了抗议。

12 月 4 日晚，胡适在纽约律师俱乐部进行了题为《北美独立与中国战争》的演讲。他说，此时"中国正流着血死里求生的在抗战"，在目前的情况下，中国绝不能企望和平。中国人民慎重地考虑过各种困难和民族潜伏力，肯定地决定要继续抗战，与侵略者周旋到底。虽然在获得最后的胜利前，必须经过绝大的艰难和牺牲，但所有人都会坚持下去，并且不会后悔。

胡适说，中国想取得胜利，就一定要坚持战斗下去，直到国际情势转变为对中国有利。他在演讲中指出，中国在抗日战争中遇到的困难与美国当年在独立战争中遇到的困难相似，都需要得到国际上的支持。他也希望美国人可以认清这次的抗战"是个革命的战争，正像美国的独立战争，法俄的革命战争，土耳其的解放战争一样。在这种革命战争的过程中，民族精神必定获得最后的胜利"。

胡适此次纽约之行计划为期四日，每一天都安排了演讲。第一天的演讲结束当晚，胡适突然感到胸口有些痛，于是早早休息了。第二日早上，胡适醒来后仍感觉有些不适，但还是照例出席了中国文化协会的演讲。没想到仅仅半个小时的演讲就让他大汗淋漓，身体虚弱，脸色也变得苍白起来。此时胡适才意识到自己的身体可能出了问题，于是当日下午，他去了医院。在医院检查后，胡适才知道自己得了心脏病，必须住院静养。

中国驻美国大使馆没有将胡适的身体状况公布于众，而是对外称胡适因为近期在华盛顿工作压力过大，缺少休息，所以有些疲劳过度，并称胡适的病症很轻，在哥伦比亚大学医学中心的哈克尼疗养部休息了一晚上后，情况就已有了好转，不久就可以返回华盛顿。而事实上，胡适在医院里一直住了77天，直到1939年2月才出院，连他47岁的生日也是在医院里度过的。

医生曾告诉胡适，他的问题出在心脏冠状动脉阻塞，需要长时间静养，动脉恢复之后，只要他肯守规矩，就还可以至少再工作二三十年。可胡适是个放不下工作的人，住院期间，使馆的秘书充当了胡适在纽约的联络员，每天到医院向胡适报告使馆的工作，然后再将胡适的指示传达给使馆。江冬秀听说胡适住了院，十分担心，劝他索性趁此机会辞去大使一职，他也没有同意。他告诉江冬秀，自己的身体情况已经大有好转，检查结果也显示一切正常，此时正是关键时刻，自己决不能在这个时候离开。

出院后，胡适因为身体原因，暂时无法一个人去太远的地方。第一次单独出游，是为了去哥伦比亚大学接受该校的名誉博士学位。同年，他还在芝加哥大学接受了名誉博士学位。本来康奈尔大学也主动提出要授予他名誉博士学位，然而该校之前并无此规定，胡适不希望母校为了他一人破例，于是拒绝了。

身体好一些后，胡适立刻恢复了忙碌的工作。8月10日，胡适对目前中日战争的进展进行了总结，指出中国抗战的力量比自己能预料到的强，日本的弱点也远比世界各国所预料的多，而国际对中国的援助也比人们所期望的要多。他不相信日本会突然醒悟，也不认为人民能够突然发起社会革命。所以他对战争的发展只有两种预测，一是日本被迫接受"没有胜利的和平"，二是由中日战争演变为世界大战。

9月8日，胡适又一次向罗斯福提出了借款的请求，可罗斯福却对他提及了远东战事调停的可能条件。为了避免抗战半途而废，或因同意和解后被日本愚弄，胡适对美国政府采取了回避的办法。连着40天，他都没有与罗斯福见面，不仅如此，他连财政部的人都不肯见，令财政部的人在接到罗斯福交代的与胡适商谈借款事宜的命令后,足足等了胡适两个星期。

1941 年 9 月,日本派人与美国谈判,并对美国施加了很大的压力。两个月后,美国迫于压力,有意接受日本提出的"临时妥协方案",以及停止对中国施予援助的要求。胡适得知此事之后,立刻向美国国务卿赫尔提出抗议。见赫尔没有表态,胡适急忙向国内发了电报,得到的答复是不能退步。于是胡适再三据理力争,英国首相丘吉尔此时也意识到了此方案对英美利益都将产生损害,于是反对美国接受此方案。最后,赫尔终于同意拒绝"临时妥协方案",日本又一次败下阵来。

无官一身轻

1941 年 12 月 7 日清晨,日本偷袭了美国的珍珠港。第二天中午,罗斯福在电话中将这一消息告诉了胡适,胡适听到之后松了一口气,他知道,他期盼了多年的时刻已经来临,太平洋的局势马上就要变了。果然,12 月 9 日,中国正式对日宣战后,美国也发表了对日本宣战的决议。胡适很高兴,多年的苦等终于成了现实,他想,胜利应该不会太远了。同月 17 日,胡适迎来了他第 50 个生日,对他来说,这一次生日是他有生以来过得最高兴的一个。

4 年来,胡适一直为了祖国尽心尽力,四处演讲,让世界人民都了解到日本帝国主义的残暴及中国人民抗日的决心。出身文人的他,虽然为官 4 年,却一直透着十足的书生气,始终不见政客的深沉和韬略。他所发表的每一次演讲,说过的每一句话都是真实的，他所采用的方式也都是"诚实与公开"的。这是他的幸运，也是他的不幸。幸运的是，他这样的态度和风范令他得到了许多人的信任和喜爱，连罗斯福和华盛顿政府的人都对他赞赏有加。不幸的是，他也令自己招到了许多人的怨恨。

胡适身边的朋友们都知道他是什么样的人，他一生正直且诚实，不懂得圆滑世故，也不会运用政治手腕，有时被人利用了还不自知，这样的人是不适合参与政治的。而且他不存私心，不肯与人同流合污，在当时腐朽的官场中，他这样的人得到了重用，其他官员会有不满也是自然。

早在 1940 年，王世杰就在信中提醒他，"兄一生是一个友多而敌亦不少的人……兄自抵华盛顿使署以后，所谓进退问题，便几无日不在传说着。有的传说出于'公敌'，有的传说出于'小人'，有的传说也不是完全无根。"王世杰提醒的事胡适自然是知道的，他知道日本人已视他为眼中钉。日本人认为日本落得如此境地，以及美国参战一事都是胡适在背后怂恿而成，他们甚至认为中国当时的政府都是在胡适的操控下才一直不肯议和。

除去与战事有关的传言，胡适日常工作和个人的生活也成了一些人议论的热点：有人说他对使馆内部管理无方，工作人员完全不守纪律，工作时间公然打牌，导致馆内办公效率极低；有人说他过于贪图个人名誉，在美国到处领学位；有人说他允许曾经主张与日本议和的官员夫妇常往大使馆，是置其"罪过"于不顾，并认为胡适此举与他平日的主张自相矛盾，表里不一。

虽然无从得知工作人员打牌一事是否属实，但使馆办事效率低却是子虚乌有的事。胡适连生病住院期间都不曾耽误工作，又怎么可能任由使馆的员工只顾消遣不顾正业呢？领学位一事虽然是真的，却不是胡适主动提出的。出于对胡适的敬重，美国许多名校争相赠予他名誉博士学位，并以此为荣，从文人的角度去看，这并没有什么不妥，所以胡适没有拒绝他们。至于允许"特别"官员常住大使馆一事，胡适也没有外人想得那么多，对他来说，此人是他的朋友，别人怎么看、怎么想，他并不介意。

1940 年，蔡元培去世，由于胡适的名字出现在了继任院长的名单上，于是谣言四起，称胡适假称失眠症严重，想要回国休息，其实是要回国任中央研究院院长一职，美国的大使马上就要换人了。

虽然这一职位对国内学者来说是至高无上的光荣，但在这样关键的时刻，即使胡适真的当选了，他也绝不肯放下美国的工作，回国任职。何况他只不过被提名，并未真的当选。胡适本就不在意别人的评价和诋毁，此时，他知道自己若是推辞或进行解释，又可能被人说成他舍不得大使一职，所以他什么都没有说。最终，院长定为朱家骅，关于胡适要辞职的谣言也不攻自破了。

1941 年 12 月 23 日，宋子文接任了外交部部长一职。此人也对胡适有着非常强烈的不满，刚刚上任便批评胡适在美国的演讲太多，并说胡适此行是不务正业，应当多把心思放在正经事上。而后，他只手遮天，命令大使馆每日给他抄送国内发来的电报，却不允许胡适看到这些电报的内容。即使有些电报是写给他和胡适两人的，他也不让胡适看，自己看过后便直接回复，并在回电中指责胡适不配合他的工作，长此以往，他没办法尽职，有负委任，希望尽快对胡适做出适当处置。

宋子文的种种行为让一向宽厚的胡适也有些忍不下去了。胡适决定辞职，于是写信给王世杰，称自己不想继续做官了，又说自己实在舍不得北大，想回去教书。同时，他也对宋子文表明了自己无心为官的态度，并说如果需要更换驻美大使，他随时都可以离开。然而辞职报告递交上去了整整半年，胡适还是没有接到同意他辞职的回复，于是他只得继续在美国各地进行演说，毕竟对他来说，这就是他身为驻美国大使的必要任务。

1942 年 5 月 17 日，胡适在信中对王世杰说，自己在美国已有 3 年，其间不曾有一个周末，也不曾有一个暑假，今年的体质稍弱，却仍进行了百余次的演讲，差不多每天都有一场，很希望 6 月之后能够休息一下。8 月 15 日，胡适终于收到拟定的卸任电报，他欣喜万分，立刻回电表示感谢之情。

9 月 8 日，行政院国务会议通过决议，同意胡适卸任驻美大使一职。5 日后，外交部的部文到达华盛顿驻美大使馆，胡适的大使身份终于彻底解除。由于心脏病未愈，不宜长途劳累，朋友们也劝他暂时不要回国，免得于公于私都无益，胡适在离开华盛顿后去了纽约，住在了纽约东 81 街 104 号。

对于美国来说，胡适的离职是件令人遗憾的事，美国《纽约时报》甚至称"寻遍中国全境，可能也再难找到比胡适更合适的人"。中国大使馆的工作人员也十分舍不得胡适，毕竟胡适为人仁义宽厚，能够为这样的人做事也是件开心的事。

对于胡适来说，能够恢复普通人的身份则是件开心的事，之前为国事奔波了4年，放弃了太多个人的时间和爱好，现在，他终于又有了时间去做自己想做的事情。此时，胡适最想做的事是写一部"中国思想史"。早在1915年，他就已经开始动笔编写这部"中国思想史"，起名叫《中国哲学史》，并于1917年完成了上卷的编写。然而后来因为各种忙碌，下卷的编写就这样耽搁了下来。不过胡适并没有因此感到可惜，他说，凡著书，特别是史书，应该在见解成熟的时期进行。虽然下卷的开展延误了近30年，但他相信自己对史料有了更公道的看法，这对著书是有好处的。

胡适本想安心编写他的《中国哲学史》，然而威斯康星大学、哈佛大学、哥伦比亚大学和康奈尔大学却纷纷向他发来邀请，希望他可以去学校授课。几所大学所表现出的热情让胡适无法拒绝，于是他同意依次去这些大学中授课一段时间，1944年10月至1945年6月，胡适任教于哈佛大学，主讲的课程正是"中国哲学史"。8个月的教学期过去之后，胡适又应哥伦比亚大学的邀请，讲了一学期的"中国思想史"。

在编写《中国哲学史》下卷的过程中，胡适经常需要就一些小问题进行小考证。之后他发现，这些考证比写通史有趣多了，于是，他渐渐迷上了考证的工作，将写通史的任务又放在了一边。1943年2月28日，胡适完成了他回归学术工作后的第一件作品——《〈易林〉断归崔篆的判决书——考证学方法论举例》。之后，他更加一发而不可收，不断进行学术研究和考证，并写下了多篇考证类的文字。

回到了祖国

1943 年 11 月，胡适读到王重民的《跋赵一清校本水经注兼论赵戴、全赵两公案》一文，并收到了一封请教《水经注》相关问题的长信。《水经注》是汉代桑钦所著的一本地理方面的名著，全书加上注解和校勘，字数达到了 40 万字以上。历代学者们都对这部书有着浓厚兴趣，然而由于年代太过久远，人们在抄誊的过程中难免出现一些失误，导致此书中存在大量的错误，其中最严重的就是将"经文"和"注文"混在了一起，于是学者们纷纷出版了关于此书的校注本，并因为其中有雷同涂改之处而打过不少官司。

胡适对《水经注》一书也很有兴趣。早在多年前，他就曾对王国维和孟森两位学者有关"戴东原抄袭赵、全二氏之书"的观点产生过兴趣，但当时他既未明确表示赞成，也没有直接反对。如今，旧事重提，他当初的那份好奇心又被激起，于是决定与王重民一起，"重审"《水经注》一案。

胡适在华盛顿美国国会图书馆中查阅到了多个版本的《水经注》校注本，发现这些版本加起来一共有 200 多万字。胡适有些头疼，认为自己没有那么多时间和精力来对这些材料全部进行研究，但是王重民再三劝他，并说如果胡适都不肯审这案子，以后就更没有人能够还这件事一个清白了。若是胡适有意想审此案，此时就是最佳时间，否则等回了国，工作更加忙碌，也就更没时间去审了。胡适仔细想想，认为王重民此言有理，便同意了。

胡适的朋友们得知此事之后也都给予了胡适极大的支持，帮他收集资料，这让胡适感到自己非常幸福。他说，以前的学者们之所以越审越糊涂，是因为他们手中的资料太少，没有他这么幸运，能够一下子收集到这么多版本《水经注》的校注本。最后，胡适手中一共收集到了近 30 个版本的《水经注》校注本，可见胡适所面临的工作量是非常大的。

胡适对这些版本逐一校对，发现以前被许多人拿来当作"反戴"证据的那本《水经注》其实是伪造的。之后他又发现，虽然戴东原的校本中有不少地方与赵一清和全望祖的校本雷同，但也有很多内容，都是赵一清的校本中写得更好。胡适认为，如果戴东原真的抄袭了赵一清的内容，没有理由不挑好的部分抄袭，而只挑不好的部分抄袭，所以有关戴东原抄袭一事疑点重重。

胡适经过重重考证得出结论，虽然赵一清校注的《水经注》在戴东原校注《水经注》时就已问世，但戴东原并没有看到此书。两人在校注中所呈现的一致性也不过是因为两人对此书都有相同的观点而已。胡适还推测，一些人会指责戴东原抄袭，其原因可能是戴东原反对他们一直信奉的朱子学说，想以此事为报复。

戴东原之事沉冤得雪，胡适的《中国哲学史》却又被延期。

在胡适的一些朋友看来，胡适此举实属不明智。而胡适本人却感到很高兴，称"为人辩冤白谤是第一天理"。这便是胡适的性格了。

在纽约的日子里，胡适除了研究学术，进行各种考证，也没有忽略对政治的关心。1942年9月后，胡适接连发表了4篇时事论文。当月，他还在华盛顿大学召开的国际学生大会上发表了题为《联合国》的演讲。在演讲中，胡适提议建立一种能够使世界人民都能在本国之境内安居的新秩序和新组织，以"集体安全"为主要目标。他希望人们能够意识到和平必须获得有效的推动，势力均衡的旧观念永将无用。

1944年冬，日军入侵我国西南边境，西南战场告急。胡适得知此事后，曾以私人身份向美国军方请求支援，并写信给美国陆军部长和财政部长，希望他们密切关注中国的抗战形势，可以给予国内一定的援助。8月14日，第二次世界反法西斯战争以日本政府宣布无条件投降并签署了投降书为终点。抗日战争全面胜利。

1945年4月25日，美、英、苏、中4国在美国旧金山召开了联合国创国会议，胡适作为中国代表之一出席了会议。在长达两个月的会议将要结束时，胡适却对《联合国宪章》中所规定的5个常任理事国有一票否决权的规定表示反对，拒绝在《联合国宪章》上签字，其理由是这一规定不符合所有国家一律平等的原则，也不能体现政治的民主和公正。

同年6月，胡适被任命为北大校长。在他归国前，此职由傅斯年暂代。胡适在被任命之前没有得到任何的通知，等他知道此事时，关于他的任命已经刊登在了报纸上。随后，胡适接到了傅斯年发的电报，称自己只能勉强维持不超过 3 个月，希望胡适能够尽快赶回北平。

胡适对于这一命令已无法拒绝，只得在电报中客气地表示，北大想要复校，还是需要蒋梦麟主持，蒋梦麟出任教育部秘书长一职只是暂时的，在此期间，他可以和傅斯年一起代为管理北大。等蒋梦麟回来之后，他就会将北大交回蒋梦麟手中。6 月 5 日，胡适乘坐轮船从纽约返程，一个月后终于回到了祖国。

卢沟桥事变之后，北大的教工和学生纷纷南下，北大的校舍就空了下来。日军占领北平后，利用北大的校舍和一些未来得及迁移的图书和设备成立了一个归日军控制的"北京大学"，并任命一些没有离开的教授担任这个"北京大学"的"总监督""校长""教学主任"等。这个"北京大学"就是傅斯年等人口中的"伪北大"，其教员们也被称为"伪北大教员"。渐渐地，这些伪北大教员开始为日军办事，向学生们传播有利于日军统治的思想。直到日本战败撤离了北平，伪北京大学才随之结束。

傅斯年知道北大若想重建，赶走这些伪教员是当务之急。他也知道胡适为人谦厚、待人宽容，怕是难以做这种事情的，所以他决定在胡适回来之前将这些伪北大教员全部赶走，为胡适扫清障碍，净化校园环境。至于那些曾经在伪北京大学就读的学生，傅斯年并没有为难他们，他认为学生是无辜的，只要他们能够通过甄别和补习，就可以继续在北京大学里学习。

事实证明，傅斯年在这件事情上帮了胡适一个大忙。一些伪北大教员采用了集体罢课的方式表达抗议，声称他们一直都是北大的合法教授；还有一些伪北大教员四下活动，或极力隐藏自己的身份，或与其他伪教员们联合起来，向高层领导上书，要求继续任职北大。然而傅斯年一向不吃硬，无论伪北大的教员如何反抗，如何抨击他，他都没有一点让步。当胡适回到北大时，北大的校园已经被傅斯年清理干净了。

同时，胡适在美国也没有闲着。在一些朋友们的推荐下，胡适选择了钱学森和马大猷为北大工学院院长和电学工程系主任。可惜钱学森当时与国外大学的合约未满，无法脱身，最后胡适决定由马大猷任工学院院长一职。

7月5日，胡适到达了上海，受到了当地政府和社会各界的欢迎，文化界、教育界等都为他举办了欢迎会。在一次茶会上，文化界和教育界的名流们请胡适谈谈归国感想，胡适表达了对祖国工业发展的希望，并嘱咐文化界和教育界的人千万不要灰心，不要悲观。回到北平后，胡适也同样受到了热烈的欢迎。胡适知道傅斯年带病为自己所做的一切，心中十分感激，并在傅斯年的卸任茶会上给予了他高度的赞扬。

任职又离职

1946年10月10日上午十点，北大新学年开学典礼上，胡适第一次以校长的身份站在这里为师生们作了演讲。在此之前，他已主持并召开了16次北大行政会议，重新分划了院系设置，安排了主讲教授等。接下来要做的首要事情，就是鼓舞师生们的士气。

在开学典礼上，胡适先向全体师生简述了北大的发展史，又追忆了蔡元培以及蒋梦麟多年来为北大做出的贡献。他将北大的发展划分为 5 个时期，分析了每一时期北大的特点。他说，他现在不敢说"新北大"、"大北大"，但是他认为如今的北大确实是新的，因为抗战时期的北大已经消纳在联大中了。

北大复校后的学生有一大部分是从联大复员的，还有一大部分是从傅斯年等人之前建立的临时大学补习班分来的，再加上一年级新生和试读生、工学院北平区新生、全国七区先修班新生、医学院试读生等，学生的总数比以前的北大多了好几倍。以前的北大为了精简管理，只设了文、法、理三院，现在又加了医、农、工 3 个学院。面对如此多的学生和如此大的校业，胡适感到自己身上的责任很重。他说，希望不必说得太高，理想也不要成为梦想，虽然此时北大面临着许多困难，但北大拥有着丰富的精神财产和物质财产，还有蔡元培和蒋梦麟两位校长的传统，他相信北大是能够越来越好的。

胡适对于那些抗战期间坚守北大精神的人表达了敬意，也感谢抗战期间努力保持北大财产的教员们，感谢他们对北大的忠诚和付出，令所研究的文物能够在战火中幸免于难，令北大图书馆中的 50 万卷国书都能完好地保存至今。

胡适的心中有一个希望，就是将北大做成最高的学府。他希望师生们都能真正把学堂当成做学问的地方，当成可以做研究的地方，为人师者尽其半生学术教好学生，同时多做些研究，提高个人的学术水平；为生者谦逊认真地学习知识，不但学会学习，也要学会利用工具独立研究和思想，既研究学问，也学习做人。

胡适看到学生们在门外挂了"自由思想，自由学术"的标语，他说，思想自由和学术自由是北大的传统，但他更希望学生们学会"独立思想"。他说，独立和自由不同，自由是针对外界束缚的，独立则是一种内在的精神。"独立"是个人的事，拥有自由却不独立是奴隶才会做的事。他提倡学生们独立，但嘱咐他们"独立要不盲从，不受欺骗，不依傍门户，不依赖别人，不以别人的耳朵为耳朵，不以别人的脑子为脑子，不用别人的眼睛为眼睛"，他说，这就是独立的精神。

胡适不但想要将北大办好，还希望能够改善全国的教育环境和氛围。然而当时国内的环境却没能遂了他的愿。

11 月 11 日，胡适参加了所谓的制宪国民大会，提出了"教育文化应列为宪法专章"，并希望政府可以为教育延用专才办法，专拨教育巨款，尽快恢复地方教育并给予补助，扶植并补助私人教育，提高教育人员的待遇，以及督促发还被占用的校舍。遗憾的是，胡适的这些提议并没有被采纳。

1947 年夏，胡适提出将全国研究原子能的一流科学家都请到北大，令他们可以专心从事物理研究，尽快提升国内的物理学水平，同时还可以抽出时间训练青年学者。为了实现这一计划，胡适亲自与当时国内几位知名物理学家进行联系，并向中基会申请了专门的贷款。可惜的是，他的这一计划也因没有得到首脑人物的支持而不得不搁浅。最后，胡适只得将贷款原封不动地还给了中基会。

在题目为《眼前文化的趋向》的演讲中，胡适将世界文化共同的理想目标总结为：用科学的成绩解除人类的痛苦，增进人生的幸福；用社会化的经济制度来提高人类的生活，提高人类的生活程度；以及用民主的政治制度来解放人类的思想，发展人类的才能，造成自由的独立的人格。

同年秋，胡适撰写了《争取学术独立的十年计划》，提出应从4个方面建立起中国学术独立的基础，然后在10年内集中国家力量，在国内培养出5到10个最好的大学，令它们成为一流学术中心，可以供学者们在其中进行发展研究工作。同时，大学的教育也应该有所改变，要将培养研究工作者作为大学教育的首要目标。然而当他就此事在校内召开讨论会时，却发现教授们根本不在意他所说的，他们在意的只是能不能吃上饭。

在会上，向达对胡适说："哪有工夫去想十年二十年的计划？十年二十年后，我们这些人都死完了。"向达的这番话最让胡适生气，可他只能气向达的态度，却不能气向达所阐述的事实。现实太过窘迫，通货膨胀让所有人的生活都非常难过，虽然工资看上去涨了很多，可钱也变得不再值钱。胡适任北大校长已经快一年了，在这一年里，他领到的薪水尚不能负担一家人的生活，何况普通的教职员工。他无奈地说："教授们吃不饱，生活不安定，一切空谈都是白费。"

　　提议一再失败，计划也没能实施，但胡适始终没有放弃教育事业。在收到任国府委员会兼考试院院长的邀请后，他没有丝毫考虑便拒绝了。在他看来，自己不做官时可以成为国家的力量，可以说公平话，也可以帮国家的忙，而一旦做了官，30 年养成的独立地位就被毁了，不但不能再有作为了，而且还会连说公平话的地位也没了。相比之下，他宁可做 5 年或者 10 年的北大校长，把学校办出点成效后再放手。

　　刚刚推掉国府委员会兼考试院院长之职不久，胡适又被劝说去美国担任大使。胡适不肯，称自己刚刚办学一年半，还没做出什么成绩，现在离开既对不起国家和学校，也对不起自己。更重要的是，他已经 57 岁，此时放弃学术的事业，改行去做别的事，就再也没有机会回到学术界了。

　　胡适无心为官，官职却一个接一个向他奔过来。他推掉了一个又一个，直到 1948 年 4 月，他的生活才得以恢复平静。各种各样的事情将胡适的计划一次又一次打乱，让他经历了一次又一次颠簸，加之眼前的形势实在不乐观。又过了 3 个月，胡适决定辞去北大校长一职。

　　辞职是胡适主动提出的，但离开北大却实属无奈。从他提出辞职到最后离开之间的几个月里，他又被叫去谈话了许多次。在一次谈话结束后，他从房间中走出来，看到等在门外的傅斯年，说了一句"放学了"。短短的 3 个字，却意味深长。

　　此时的北大已不是当初那个充满学术氛围的北大，教授们的生活越来越艰难，令他们无心教学；学生们也不再将心思放在学习上。胡适一直在向学生强调不要参与政治活动，可学生们都不听他的。胡适明白，现在北大的形势已不是他一人能够掌控得了的了，他愿意为了北大的建设而努力，却无能为力。

同年 12 月中旬，胡适彻底地离开了北大，离开了北平。

人生最后的岁月

飘零在美国

从 1948 年末到 1949 年初的几个月里,胡适先到达南京,在南京待了一段时间后,将江冬秀和傅斯年的妻子俞大采一起送到了台湾,就去了上海小住。当他决定出国后,他又去了一次台湾,安顿好在那边的家人。安顿妥当后,他又回到上海,准备出国前的事宜。

出国前的那段时间,胡适非常忙碌。临行前一天,他的旧友汪原放去他家看望他时,他甚至都没有时间招待,只是匆匆地打了个招呼,让汪原放告诉孟邹等人都不要来送他,然后就又去忙了。4 月 6 日,胡适以私人身份动身前往美国。

此次访美,胡适的处境有些狼狈。大多数时间里,他都躲在房间里研究《水经注》,偶尔也写写考证类的小文章。他不想永远留在美国，所以拒绝了一位资本家为他特设的高薪讲座，以及终身住房的条件，也没有接受其他大学开出的"万元"年薪的聘用。但生计总是要想办法维持的，加之后来江冬秀说要来美国与他同住，他才转变了念头，开始在美国找工作。

1950 年 5 月，胡适应新泽西州普林斯顿大学的聘用，在葛斯德东方图书馆担任馆长一职，聘期两年。葛斯德东方图书馆馆长只相当于大学中的普通职员，所以胡适在此工作期间没有受到任何特殊待遇，也没有高额的薪水。但是该图书馆中藏有大量中国古籍，对于一心想要做学术研究的胡适来说，能够担任这样一所图书馆的馆长，对他的学术研究是有帮助的，所以他接受了聘用。

江冬秀到了美国后，两人的生活一直比较清苦。在这样的生活中，胡适也开始学做家务了。每天，江冬秀负责做好饭菜，打扫厨房，他就负责整理内务，帮忙清洗碗筷。胡适和江冬秀两个人就这样在一间小房子里过着简朴的生活。江冬秀烧得一手好家乡菜，熟悉的味道总让胡适在清苦的生活中感受到一些安慰。

胡适去上班时，江冬秀就一个人待在家里。她小时没有读过什么书，虽然在胡适的鼓励下学着识了些字，但英文她是完全不懂的。有一次，胡适不在家，江冬秀一人正在厨房里做饭，突然看到有个小偷从窗口爬了进来。江冬秀受到了惊吓，却没有大声尖叫，而是走到门口，打开大门，大声地对小偷说了一句"GO"。那是她唯一会说的英语，小偷却被她吓住了，于是听话地从大门走了出去。

　　胡适回家后听说这件事，猜想小偷因为当时不知道屋子里有多少人，所以才按照江冬秀的指示走了。他也庆幸江冬秀当时没有尖叫，否则小偷很可能会用武器打她。后来，"胡太太开门送贼"一事就在北美的华人界中传开了。

　　胡适任馆长一职期间，找来了一名得力的助手童世纲，二人一起为图书馆建立了一个远超旧系统的新的分类系统。他们二人将全馆的图书进行了重新整理和安排，并着重对馆内的中国古籍进行了研究和整理，之后利用这些材料举办了一次主题为"11世纪的中国印刷"的展览会，在美国引起了不小的轰动。

　　此次美国之行，胡适在各方面都十分低调，但他的名气并没有因此而降低。日本京都大学教授兼图书馆馆长泉井久之助来到葛斯德东方图书馆参观时，胡适作为馆长理当陪同。起初对方并不知道他是谁，只是与他进行了些普通的谈话。而当对方知道了他的名字后，就立刻激动起来，说自己早就听说过胡适的大名，自己的好友吉川幸次郎还曾翻译过胡适的《四十自述》和选录。

　　泉井久之助激动得一定要与胡适进行一次长谈，在参观时间到时仍不肯离开，胡适见状，只好将自己纽约的住址写给对方，允许对方改天到他家中见面，到时再进行长谈。泉井久之助得到了胡适的住址，这才不情愿地同意先离开学校。两天后，泉井久之助果然按照地址找到了胡适的家，与胡适进行了一次长谈，这次谈话让他满意极了。

　　1950年12月20日，胡适最好的学生和朋友傅斯年突然病逝。那一天，傅斯年参加了一场有关教育的会议，会上有人将一件早已得到解决的事情再次拿出来说事，并提出应该让台湾大学扩大招生范围。傅斯年情绪激动地上台与提出这两个话题的人展开了辩论，辩论刚刚结束，傅斯年就晕倒了。虽然周围的人及时将他送去医院进行了抢救，然而傅斯年的血压一直高得惊人，最后因抢救无效而死亡。

在美国的胡适得知这一消息，心里悲痛不已。在胡适眼中，傅斯年一直是个天赋极高的学生，既能做学问，又能治事、能组织，不但书读得好，又有很强的判断能力。最难得的是，傅斯年明明国学根底比他扎实得多，对他却非常尊重，给他写信时总会署名为"学生斯年"。

一直以来，傅斯年虽然是胡适的学生，却一直维护着胡适，帮助着胡适。从早期帮助胡适劝说北大的学生认真听课，到后来别人骂胡适时挺身而出说"你们不配骂胡适之"，再到胡适当校长带病为他扫清学校里的障碍，傅斯年为胡适所做的事情实在太多。傅斯年的离去让胡适感叹自己失去了"最好的诤友和保护人"。

傅斯年去世后，台湾大学校长一职出现了空缺，胡适成了学校最先考虑的人。然而此时胡适并不想回去，于是推荐了钱思亮。最后，学校方面也表示不再为难他，于是胡适继续留在了美国。

1951年12月17日是胡适60岁的生日。当天，他为自己写下了一份"生日决议案"，说自己此生欠了三笔债，第一笔是始终未完成的《中国哲学史》，第二笔是《白话文学史》，第三笔是

《水经注》的考证。他决定在接下来的时间里将这三笔债都还了，并将《中国哲学史》改名为《中国思想史》。

1952 年 4 月，胡适的任期到了，普林斯顿大学提出改聘胡适为该馆的终身荣誉馆长。虽然是终身荣誉馆长，但是只有名誉头衔，没有薪水。这一提议对胡适的生活并没有什么帮助，胡适却心存感激，并在离开之后如他所承诺的，为普林斯顿大学和葛斯德东方图书馆尽心尽力。他曾用英文为《普林斯顿大学图书馆年刊》撰写了一篇有关葛斯德东方图书馆的专门介绍，并多次向葛斯德东方图书馆捐赠珍贵书籍。

同年，"中研院"计划在台北南港旧庄进行重建，并保存台湾各图书馆馆藏"史料"和"善本"的缩照。此项目需要大量的钱款作为支持。胡适认为这一项目对保护中国学术史料有着重要意义，于是他在外四处奔走，想要为此项目筹款。

胡适也曾写信提醒赵元任和杨联升等人，文史界已经开始面临新旧交替的时代，作为老一辈人应该做两件好事，一是多训练好学生成为文史界的继承人，二是要有中年少年的健者起来对已有的成绩进行批评，以使这些成绩能够达到为一般所接受的境界。由此可见，无论何时何地，他想要保护学术资料和宣传学术的心从未改变。

教育和自由

1952 年底，胡适应邀去台湾讲学，这次讲学为期一个半月，主要内容包括"治学方法"和"杜威哲学"。

关于治学方法，胡适认为首先要"大胆地假设，小心地求证"，其次要养成"勤、谨、和、缓"的良好习惯，有了好的习惯才能有好的方法。他以自己考证《水经注》的事情为例，向学生们说明无论何时，认真地去找有用的材料、正确的材料，才能确保考证一事的顺利进行。在寻找材料的过程中，不能苟且，不能潦草，不能滥用，不能武断，不能固执，也不能有成见，不能动不动就发脾气，要有一种缓和的心态，谦虚地跟着事实走。

在如何运用材料方面，胡适给学生们提出了3个建议：直接研究材料、能随时扩大材料，以及能扩充研究时用的工具。他说，材料的选择能够对采用的方法产生影响。在暂时找不到材料时，可以先将案子悬起来。悬起来并不等于放弃，而是为了用更好的材料去解决案子。只有找到了适当的、足够的材料，才能让研究得出更好的成绩。

"大胆地假设，小心地求证"这一条方法是胡适从杜威的哲学中提炼出来的。他希望学生们在做学问时将小题大做，而不是将大题小做。将小题大做可以将一个小问题研究透彻，还可以得到许多与这一小问题相关的信息，这样的研究用处是非常大的。他希望学生们能够明白，付出就一定会有收获，在研究学术时一定要坚持，不要轻易就放弃了。此外，他还嘱咐学生们要注意工具的求得及养成良好的习惯。

胡适这次去台湾一共停留了两个月，其间，他曾去看了自己幼时在台湾居住的地方，那里此时已是台南永福学校，旧建筑几乎全部不在了，只有一幢小平房仍是当年所建的。胡适在这间小平房前留了影，并种下了一棵榕树。他还在此题下了"维桑与梓，必恭敬止"8个字。之后，他又去了台东，见到当年的光复路已改为用他父亲名字命名的"铁花路"，当年日本人建的"忠魂碑"也被拆了，取而代之的是他父亲的纪念碑。

胡适见台湾人民对他父亲如此感激和敬重，心里十分感动，也十分激动，于是将父亲的《台湾记录两种》所得的 5000 元稿费，加上自己的 2200 元钱一起捐了出来，作为台东籍大专生的奖学金。此次台湾之行让胡适对台湾报以希望，并打算以后每年都去一次台湾。

1953 年初，胡适返回了美国，辞去了所有教职，专心从事《中国思想史》的编写。1954 年 2 月，胡适又前往台湾，并在台湾住了一个半月。当有人问他在美国的生活如何时，他开玩笑地告诉对方，他已经"失业"一年多，也"自由"了一年多。

1954 年 3 月 26 日，台湾大学举办了傅斯年的生日纪念会。这一天，胡适作了一篇题为《美国大学教育的革新者吉尔曼的贡献》的演讲。他说在欧洲，每一个国家中都有多则上千年，少则上百年历史的大学，即使在独立了仅仅 170 多年的美国，也有 300 多年的哈佛大学、200 多年的威玛大学和耶鲁大学。再看中国，虽然历史已有几千年，可是现在的大学却没有一所是超过 60 年以上的。几百年前的"太学"制度、风气、书籍、设备和财产都没有继续下来，如今最古老的大学北京大学也只有 50 多年的历史。

吉尔曼 1852 年从耶鲁大学毕业后，第二年，他以美国驻俄公使馆随员的身份前往欧洲，并对欧洲的大学教育制度进行了考察。回国后，他筹办了耶鲁大学的谢斐而理科学院，又受邀任过加利福尼亚大学校长，最后在哈佛、康奈尔和密西根三所最著名大学校长的一致推荐下成了一所新大学——霍浦金斯大学的校长。

在办学方面，吉尔曼的观点是："无论何地，一个大学的效率，不靠校舍，不靠仪器，只靠教员的多寡好坏"；"研究院是大学，大学生是研究生，大学必须有思想自由、教学自由、研究自由"；"研究是一个大学的灵魂，大学不是仅仅教书的地方，学生不要多，必须要有创造的研究的人才"。

在吉尔曼的努力下，霍浦金斯大学的研究工作有了提高，创办了发表研究成绩的专门杂志，并培养出许多知名学者，如美国总统威尔逊和哲学家杜威都毕业于这所大学。同时，它也是第一所招收女学生的美国研究院。后人说，自从有了吉尔曼的霍浦金斯大学，美国才有了以研究院作本体的大学，才有了真正的大学。

胡适在这样的日子里讲这些，是希望在座的师生都能够明白，一个真正的大学应该具备哪些要素，也希望自己的这番讲话能够给听者一定的启示和触动。

有过多年留学经历的胡适深刻体会到留学对学生的好处，以及对社会发展、文化发展和学术发展的好处。所以在台湾教育主管部门动员月会上，胡适希望台湾当局能够放宽留学相关规定的尺度，让更多青年学生有机会接受先进的教育。他自己常对将要去留学的学生给予支持。有一次，"中研院"的一位研究助理曾两次考得美国一流大学的奖学金，却因其父亲曾被治罪，在办理留学手续时遭到了当局警方的阻拦。胡适接到他的求助后，立刻写信为他说情，并表示愿意做他的担保人。

除了教育，胡适在此阶段最关注的是"自由"。在哥伦比亚大学 200 周年的纪念会上，胡适发表了一篇题目为《古代亚洲的权威与自由的冲突》的演讲。为了这篇演讲，他花费了 40 余天进行准备。之后，他又进行了多次有关"自由"的演讲。在 9 月题为《宁鸣而生，不默而生》的演讲中，胡适指出，言论自由可以鼓励人人肯说"忧于未形，恐于未帜"的正论危言，对国家发展是有益的。

1957 年初，胡适因患伤风吃了阿司匹林，没想到因此刺激了原本就比较严重的胃溃疡。由于起初只是胃痛，胡适没有太在意，可后来他吐了血，于是不得不住进纽约医院进行抢救。医生当机立断为他做了手术，将他的胃割去 3/5，并在医院休养了近半个月。虽然失去了大部分的胃，对以后的饮食会有很大影响，但胡适还是很感激医生，毕竟这一决定救了他的命。

大病之后，胡适感到自己的身体状况越来越不好，于是他立了一份英文遗嘱，并请了四位有身份有地位的朋友做证。在遗嘱中他声明自己死后采取火葬，骨灰由治丧委员会的朋友们处理，遗产则由这四位朋友代为处理，家中的文稿、论文和存书等都捐给台湾大学。也是在这次大病之后，胡适有了回台湾的打算。他认为自己年纪越来越大，那些"欠债"总要抓紧时间还了才行，也是时候过安定一些的生活了。

台湾方面得知了胡适想要回去的意向后非常高兴，立刻为他准备了"中研院"院长一职。胡适对于这个职位并不感兴趣，却还是表示了感谢。毕竟这样一来，他就可以离自己想要过的生活更近一步。他知道"史语所"图书馆中有许多他曾用习惯了的藏书，他想，等自己到了台湾，有了稳定的工作和生活，就可以将更多的时间花在学术著作的编写上了。

虽然医生说胡适的身体还没有康复，不适合长途旅行，但胡适没有听从医生的劝告。1958 年 4 月 8 日，他乘坐飞机到达了台北。在休息室里，胡适接受了记者的采访，表示自然科学的发展对于社会发展有着重要意义，"中研院"作为最高的学术机关，必须迅速负责起推广学术研究的任务。而当有记者问胡适有关政治的问题，胡适表示，他一向对政治没有兴趣，如今老了，更是没有兴趣。

在机场检查室的门口，胡适看到了许多熟悉的面孔，也有一些是他不认识的，加起来 500 余人。胡适心里是高兴的，也是感动的。休息了两天后，胡适于 4 月 10 日上午正式接任"中研院"院长一职。

在台北定居

胡适入职当天下午就主持了院士会议，选举 1957 年度新院士。胡适在 34 名候选人中进行了审查和筛选，并于第二天选定了 14 名新院士，杨振宁、吴健雄和李政道都当选其中。胡适对于此3人的成绩非常欣赏，认为他们3人能够当选是情理之中的，看到吴健雄采用实验方法取得了成绩，胡适更是高兴。

当时的台湾在人才培养方面还存在许多不足，科学的落后、人才的外流等情况都十分严重。为了解决这一情况，院士会议结束后，胡适打算针对人才的培养制定一个纲领，其中包括增加科研经费，提高科学家和教授们的生活待遇，邀请知名学者到台湾地区讲学等。在他回美国处理私人事务期间，他也不忘召集在美国的院士们开会讨论，请他们多提宝贵建议。

再回台湾，胡适的新居已经盖好，是一间极为简单的小平房。但胡适感到很满意，觉得这样幽静的地方不易被人打扰，正适合他做学问。就是在这间小平房里，胡适写出了多篇极具学术价值的论文。

因为一本杂志，胡适结识了他的一位"小朋友"——李敖。胡适第一次见到李敖是在1958年的4月26日，当时，李敖只有23岁，而胡适已经是位年近古稀的老人了。那一年，胡适在一本杂志上看到一篇题目为《论〈胡适文存〉》的文章，很好奇是谁能够找到他那么古老的作品集，并且写出了如此深刻的评论，于是让他的弟子姚从吾帮他联系这篇文章的作者。就这样，他见到了李敖。

李敖对胡适慕名已久，他小学时便已开始喜欢胡适所写的文章，并且对胡适其人深感敬佩。如今能够与胡适见面，他自然说不尽的开心。两人见面的地点是钱思亮的家，见面后，他们聊了很久，也聊得很开心，胡适对他说："你简直比我胡适之还了解胡适之。"

在这之后，胡适与李敖就成了朋友。1958 年 6 月 8 日，李敖顺路拜访胡适，提出想求一幅胡适的字，胡适立刻答应了下来。李敖回去后，不出几日，就收到了胡适派人送来的字。胡适的随和、守信，都让李敖非常感动。

1959 年 1 月，胡适提出的有关发展科学计划的纲领被采纳，除了公布出的经费金额与胡适期望的有些出入外，其他均是按照胡适的意思制定的。有了经费，胡适便开始向学术界的朋友们发出邀请，希望他们来台湾任教。

在同年 7 月的第四次院士会议上，胡适提出在遴选院士时，应主要看对方的学术成就，而不应考虑对方是哪里人。至于在公文方面，他则提出了废除公文，改用私函，因为他认为"中研院"不是机关，院士们也都是他的老朋友，看不惯公文，不如改为私函，由他自己签名，这样能多些人情味，也能避免让院士们沾染官僚习气。

在这一年的年末，胡适在一本杂志上发表了《容忍与自由》一文。他说容忍"异己"是最难得、最不容易养成的雅量。他认为社会对他一直是容忍的，因为若社会没有这点容忍的气度，他决不能享受 40 多年大胆怀疑的自由。所以他也要用同样的态度来报答社会对他的容忍。同时他也建议人们还要戒律自己，想要别人容忍谅解自己的见解，就要先让自己养成能够容忍谅解别人的见解的度量。如果不能，至少要能够戒约自己，决不可"以吾辈所主张者为绝对之是"。

　　过度的操劳让胡适的身体不堪重负，1960 年 3 月 9 日，胡适心脏病复发，住进了台大医院。住院期间，他对他的秘书说，如果他还有 10 年的工作时间，他要把能写的东西都写出来，按照他的计划，至少要有五六本的文集，以及一本诗存。

　　胡适这次只住了半个月的院，便又回到了繁忙的工作中，一边为台湾大学的发展和教育的发展费心，一边坚持在台湾举行各种演讲。6 月 5 日是台湾大学 14 周年的纪念日，胡适在纪念会上提出了对在校教师的要求，一是人格，二是知识。6 月 18 日是台南一所大学的毕业典礼，他在典礼上送给该校的学生"一个防身药"，希望学生们毕业后随时带着两个有趣的问题进行思考，除了专业外还要发展其他方面的兴趣，并且长久保持乐观和信心。

　　7 月 9 日，胡适与一行学者一起出席了华盛顿大学举办的学术会议。会后由于身体不适，胡适便没有立刻返回台湾，而是进行了短暂的休息后便又去参加了 9 月 4 日的"中华教育文化基金会"年度会议。

　　美国的会议结束后，胡适返回了台湾。然而真正回到了台湾，他才发现自己的想法没有办法实现。胡适感到非常无奈。他一直倡导思想自由，言论自由，并对自由报以希望，而此时，台湾当局的独裁政策让他彻底失望了。强大的打击让他的心脏病再度复发，被送进医院抢救。医生对胡适下了禁令，一个月内不许看报或讲话，更不许随意行动。胡适听从了医生的建议，安静地在医院休养了两个月之后才出院。这次病发让胡适更加感到时间紧迫，他希望能再有 10 年时间让他做些更加实际的工作，比如对一些古籍进行考证。

此时，胡适的身体已经十分虚弱，再禁不起一点折腾。1961年7月10日，胡适仅仅因为熬夜看书便突发了肠炎，昏厥了两分钟。同年11月，由美国国际开发总署主办的"亚东区科学教育会议"在台北召开。胡适本不想去，无奈对方一再邀请，他只好去了。在这次演讲上，胡适围绕主办方所给的话题展开了一些陈述，然而这番陈述却在听众中引发了一场激烈的争辩，形成了"拥胡派"和"反胡派"。在"反胡派"中又分出3个分支，一支是单纯的叫骂，一支是无理的栽赃，还有一支是旧案重提。

演讲结束后，胡适的身体状态又有所下降。11月26日，胡适再度入院，医生发现他有心脏衰竭的现象，于是为他注射了一支强心针。等胡适醒来之后，医生命令他必须安静休养，再不可参加任何的演讲。

不久之后，由梅贻琦负责的台湾"清华大学原子科学研究所"建成，原子反应器也落成了。早些时间，梅贻琦因病住院，便将主持典礼一事委托给了胡适，然而日子马上就要到了，胡适却也躺在了医院里。胡适对此感到十分遗憾，他认为这是几百年没有的大事，是应该说几句的，所以得知秘书为他挡住了就此事来采访他的记者后，他请秘书替他给记者带几句话，并希望能够公开表示他对梅贻琦的诚恳敬意。

1961年12月17日，胡适在病床上迎来了他第70个生日。许多人都来到医院为胡适祝寿，然而胡适的秘书却没有允许他们进入病房，并告诉他们，医生规定病人要静养，不宜见客。于是来宾们在祝寿册上签了名，放下礼物便离开了。

谁也没有想到，这会是胡适最后的一个生日。连胡适自己都没有想到，过完这个生日后，他在这世界上的日子已经所剩无几了。

永别了世界

1962 年 1 月 10 日，胡适出院了。医生知道胡适的性格，对胡适非常不放心，于是嘱咐他出院后千万不要操劳，每天上午最多可以工作一小时，如果与客人见面，最多只能进行 15 分钟的谈话。医生还提醒胡适，在饮食方面一定要少油多鱼，不要吃肉。

出院不久后，胡适提出了退休的请求，却没有立刻得到批准。于是胡适不得不照旧担负起"中研院"的日常工作事务。他没有严格遵照医嘱，多休息少工作，只要身体条件允许，便对客人来者不拒，往往是一位客人接着一位客人，而且和每个客人都会交谈很久。

2 月 24 日，胡适主持了第五次院士会，会上选出了 7 位院士，其中只有 2 位定居台湾地区。这一次的院士会议一共出席了 100 余人，是有史以来参与人数最多的一次院士会议，这让胡适心里非常高兴。下午的酒会中，他亲自招待客人，并发表了讲话，然而由于身在病中，不宜多说，他讲了简单几句后，便将讲话的任务交给了其他人。

参加会议的李济在发言时，对"中研院"的未来比较悲观，认为科学研究在这里的地位还太低。吴大猷连忙劝他，虽然基础实在很薄弱，也没有追赶的捷径，但是如果 10 个留学生中能有一人肯回来，那也是很好的了。胡适听了之后非常感慨，于是又起身讲话，他先是表示自己不赞成李济的悲观，然后表达了自己对科学发展的希望。

胡适说，科学的发展，要从头做起，从最基本的做起，绝不敢凭空的想迎头赶上。就像小孩子学走路，要先学爬，再扶着走，最后才是开步走一样。说着，他又提到了言论自由和思想自由。或许是意识到自己情绪又有些激动，声音太大，胡适停住了话头，让大家再喝点酒，再吃点东西，此时正是下午 6 点 30 分。

胡适刚刚说完上面那些话，突然面色苍白，仰身倒了下去。身边的人见他倒下，急忙伸手去扶，然而还是晚了一步。胡适倒下时，头先撞到了桌子，又重重地撞到了水磨石的地面。后经抢救无效，与世长辞。

在场的人都悲痛不已，他们没办法接受刚刚还在他们中间面带微笑、与他们谈笑风生的胡适一瞬间就离开了他们。胡适曾经的学生吴健雄更是悲痛不已，她此次回来参加会议是次要的，探望老师是主要的。本想长年在外，能见到老师一次不容易，却没有想到，这竟然是她与老师的最后一面。

前一刻热闹的酒会突然变成了沉重的治丧会，钱思亮在大家面前宣读了胡适于 1957 年写下的遗嘱。胡适在遗嘱中希望自己能够被火葬，骨灰的处理由遗嘱执行人刘锴、游建文和李格曼（或叶良材）决定，他的财产也交由这几人依他们认为最好的条件进行出售、抵押或出租。他的遗产全部留给江冬秀，如果江冬秀先去世，财产就平分给两个儿子；如果两个儿子中任何一人比他早走但有孩子，儿子的那份财产可由他们的孩子继承；如果比他先走的儿子没有孩子，遗产则由另一个儿子继承，遗产继承税从留存的财产中扣除。

胡适生前也对自己的一些手稿进行了安排，他愿意将自己在纽约时的全部手稿、书籍和文件都送给台湾大学，由杨联升和毛子水安排保管并安排出版事宜。

遗体按照胡适生前的遗愿本应进行火葬，然而江冬秀没有同意，还是选择将他放入棺木下葬。3月1日，全台湾的人都前来瞻仰胡适的遗容，对他的去世表示悲痛和惋惜。第二日上午举行了公祭典礼，胡适静静地躺在江冬秀为他挑选的香杉木棺里，由八名大汉抬出。据报道，出殡当日，"从殡仪门口到松江路这一段地方，约有五六万人壅塞道旁，出殡行列以一辆挂着'胡适之先生之丧'的素车开道，治丧会原来不打算用警车开道的，但结果由于人潮汹涌，途为之塞，仍请一辆警方最近新购的开道护卫车走在最前面"。

胡祖望捧着灵牌走在最前面，江冬秀头披黑纱，由人扶着。拥挤的人群见到江冬秀来了，立刻主动让开一条路，而其他护灵的人则一次次被人群挤散。整条街上充满着哀痛的气息，所有人的脸上都是发自内心的悲伤的表情。没有一个人说话，也没有一个人哀号，但很多人的脸上都挂着泪水。

沿街的商铺都关了店，工厂停了工，学校也停了课，没有人让他们那样做，他们都是自愿的。沿街的住户和商户们还纷纷自发在自家门口或商铺前面的街道上摆了香案，或者燃放鞭炮，进行祭奠。当灵车经过时，所有人都对着灵车的方向深深地鞠躬。南港小学的小学生们也纷纷摘下了头上白色的鸭舌帽，向可敬的胡爷爷表示最后的告别。

当年胡适的父亲胡传在台湾受到了所有人的爱戴和尊敬，如今，胡适也如他父亲一样，成了让这里的人们极其尊重和敬爱的人。来为胡适送行的人中，有学者，有学生，有官员，有商人，有工人，还有来自各行各业的人，对于台湾人民来说，胡适是值得他们所有人敬仰的。

1962 年 10 月 15 日，胡适被安葬于"中研院"对面的旧庄山坡上。从去世、入殓，到入葬，所有的过程中都不含任何的宗教仪式，将胡适无宗教信仰的主张贯彻到了底。毛子水为他写了碑文："这是胡适先生的墓。这个为学术和文化的进步，为思想和言论的自由，为民族的尊荣，为人类的幸福而苦心焦虑，敝精劳神以致身死的人，现在在这里安息了！"

去世前一年，胡适曾在"中研院"的讲话中说过："'远路不须愁日暮，老年终自望河清。'我们要走的路是'长期'的'远路'，是'绵绵无尽期'的'远路'，走远路不怕晚，'不须愁日暮'。今天黑了，明天起早行。我们老了，还有无数青年人在。一代完了，还有一代继起。"他在说这段话意在告诉大家，"一个人的生命有限，但人类集体的生命无穷。一个人的工作有限，知识有限，而集体的工作无限，要研求的学问无穷"。他希望"中研院"的同人们有着愚公移山的精神，将科研工作做下去。

　　胡适安静地离开了这个世界，却给这个世界及所有的后人们留下了无尽的财富。他为了推广白话文、推广教育所作出的一切，都对新文化的发展和教育的发展起到了重要的推进作用。他的那些学术著作也成了后人们学习的珍贵教材。他这一生是淡然的，也是倔强的，不信任何宗教，却有自己的信仰。他有他的理想，无论怎样被支持的人赞，被反对的人骂，他的心态都始终平和，用一颗几十年不变的初心，走完了他一生的路。

　　这辈子，胡适都只是个书生，却是一个不平凡的书生。